ひとりビジネス・
スモールビジネスの

マーケティングと集客の教科書

株式会社オフィス凛 代表取締役
増田恵美

自由国民社

はじめに

起業のハードルが下がり、ひとり起業をする女性や副業を始める女性が増えました。一時期のキラキラ起業ブームは去ったものの、女性起業家は増え続けています。

ただ、起業した女性で「きちんと稼げている」と言える人はどれくらいいるでしょうか。

しばらく前の数字になりますが、**起業した女性の平均の年収は93.1万円、100万円以下が約7割というデータがあります**（中小企業庁「平成24年度中小企業白書」）。

起業をしたもののお客さまは友達や友達の友達まで。起業家のコミュニティに入ったものの、コミュニティ内でお互いに買い合う「学芸会ビジネス」になってしまい、実は稼げていない人の方が多いのです。

その原因は、そもそもビジネスについて学んだことがないのに起業をしてしまうからではないでしょうか。これまで補助的な仕事しかしたことがなく、営業や販売の経験がないのに販売をしようとすると、行き詰まってしまいます。マーケティングの知識やWebの活用方法を知らずに、見よう見まねでブログやSNSで発信を始めてしまうところにも、原因があるのではないかと思っています。

ビジネスを続けていくには「経営」をしなければならない

インターネットの誕生で無料ブログやSNSを使い自社の宣伝ができるようになり、起業のハードルが下がったのはたしかです。自宅を仕事場にすれば家賃も光熱費もかからないので、売上がなくても赤字にならないのかもしれませんが、企業なら倒産しています。

ひとり起業も、ビジネスとして継続的に展開していくには、「経営」をしていかなくてはなりません。

こんなことを書いている私も、起業をした当初は甘かったです。

自作のハンドメイド商品をネットで販売する事業をスタートしたのですが、2,000円の商品が23個、5,000円の商品が1個売れて、家事をする時間もなくなり朝から晩まで作り続けた月がありました。夕飯を作れない日もあり、お弁当を買ってきて息子たちと食べました。

その月の売上は合計51,000円。材料費を引いた残りを時給換算したら、手元に残ったお金はわずかでした。何度も夕飯を作れずお弁当を買ったので、働く意味はあるのだろうかと考えるようになりました。

当時私はICT支援員という、学校でパソコンやタブレットを使った授業の補佐をする仕事もしていました。そちらの時給は2,000円でしたので、高い方だったと思います。ただ、どうやら雇われて働くことは向いていなかったようで、自分のビジネスで成功を目指すようになりました。

ちょうどそのころ、ブログのアクセス数の多さ、SNSの使い方を見て、ブログ講師やSNSの講師依頼が舞い込むようになりました。教えてほしいと言われる内容は、ブログの書き方やSNSの使い方にとどまらず、マーケティングのことにまで及びました。

私が当たり前にできていることが、他の人にはできないことであり、教えるという需要があると気づき、悩んだ結果、職種を変えました。その後、**多くの女性をサポートする中で気づいたのがビジネスやマーケティングについての知識不足でした。**

私の継続コンサルティングでは、ブログの書き方やSNSの操作方法は、むしろ積極的に教えていません。触ればわかる、検索すればわかることに時間を割いている場合ではないからです。

それよりも**大事なのがビジネスの根幹を整えること。「誰に」「何を」「どうやって」販売していくのか決めることです。**

そのためには**ターゲットを絞り、ペルソナを決め、商品づくり、SEO対策、利用するSNSの選定などをしていく必要があります。見込み客を集めるための施策なども考えなければなりません。**私の仕事はマーケティングの戦略立案、仕組みづくりのお手伝いです。

お友達同士で買い合うビジネスを脱していこう

男は「野球」で、女は「ままごと」で仕事のオキテを学ぶと言われています。まだまだ日本は男性社会です。ままごとルールは社会では通用しません。お友達同士で買い合う「学芸会ビジネス」になってしまうのです。社会に受け入れられるビジネス展開をしたいのであれば、男性社会のルールも取り入れることが必要なのです。

男性社会の中で女性が起業し、ビジネスを始めることにはメリットも多くあります。これまで世の中の多くの商品は男性が男性目線で開発してきました。家庭で使用する商品やサービスの購買において、女性が8割の意志決定権を握っているという調査結果があるのに、です。

女性が企画会議に参画するようになり、男性には不評だった商品を発売してみたところ大ヒットにつながった例はいくつもあります。

まさに女性の出番なのです。それも女性には女性のマーケティングがあり、女性の気持ちは女性の方がよくわかるからです。

これまであった様々な商品やサービスを見た際に、何か物足りない、もう少しこのサービスに女性目線があればいいのにと思ったこともありますよね。普段生活をする上で不便に感じていること、解決方法がないのは仕方ないと思っていたことをサービスとして提供することで、同じように悩んで困っている人の助けになるのです。

女性目線だからこそ、解決されていない点に気がつくことができます。女性が起業し、ビジネスを始めることの最大のメリットです。あなたのスキルが誰かの役に立つのです。

この本は、ひとり起業したけれどまだあまり稼げていないという女性や、これから起業しようという女性に向けて、ひとりビジネスで上手に稼いでいく方法やビジネススキルを伝えるものです。

起業や副業に手を出したけれどうまくいっていない・お金にならない・今ひとつ幸せになっていない女性に向けて、本当に「売れる商品・サービス」のつくり方、オンリーワンのポジショニング構築、SEOやSNS運用などを、ワークも交えながら詳しくお伝えします。

この本を手にしてくださった皆さまのビジネスが、うまくいくようになり、ちゃんと稼げる女性起業家が増えること、この本を通じてビジネスパーソンとして社会に受け入れられる女性が増え、結果、女性が活躍できる社会に近づけたら、これ以上幸せなことはありません。

CONTENTS

Chapter 8　信頼される起業家として輝いていこう

◎読者の方への特典として、本書掲載のワークに取り組める
ワークシートをこちらからダウンロードして活用いただけます。
https://masudamegumi.com/download/
パスワード：masudaDL

企画協力／渡邉理香　編集協力／竹田さをり
デザイン／マキスミエ　イラスト／茅根美代子
本文DTP／有限会社中央制作社

Chapter 1

お客さまが どんな人なのか 考えよう

「仮説思考」「イメージ思考」で
ペルソナを設定しよう

Step 1

「ペルソナ」とは？

「ペルソナ」という言葉をご存じでしょうか。ペルソナは知らなくても「ターゲット」なら聞いたことがあるかもしれません。ターゲットとペルソナの区別がつかない人もいるかもしれませんので、その違いから説明しましょう。

ペルソナとターゲットの違い

ターゲットとは購入者の層です。「40代の女性で○○に悩んでいる人」など。対するペルソナはたった１人の『理想のお客さま』になります。

◆ペルソナはターゲットの中の１人

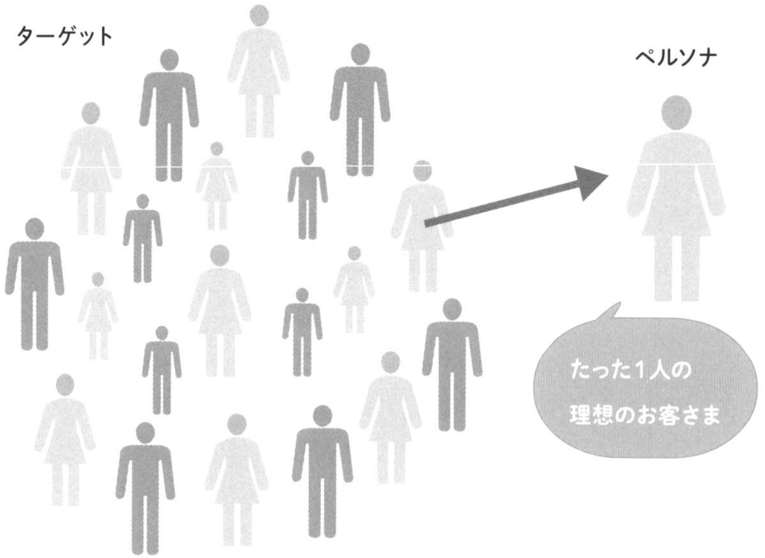

ターゲットとペルソナは別ものではなく、ターゲットの中から１人を抽出したのがペルソナなのです。

例えば中学３年生のお母さんがターゲットだとしたら、ペルソナはその中の１人、Ａ子さんになります。

中学３年生が抱えている悩みの１つは高校受験ですよね。ターゲットが中学３年生のお母さんだとすると、悩みは「高校受験」という漠然としたものになります。

ペルソナはどんなことに悩んでいるか

中学３年生のお母さんの１人であるＡ子さんをペルソナとして抽出したら、「子どもが志望校に合格するには数学の成績が足りない」「志望校に不合格だったときの滑り止めを２つの高校どちらにするか悩んでいる」など、Ａ子さんがピンポイントで抱えているお悩みが想像できるようになりませんか。

Ａ子さんのお悩みが想像できるようになれば、さらにＡ子さんが悩みを解決するためにどのような行動を取るのか想像ができるようになりますよね。

このように、具体的な悩みや行動を想像できるようにすることが、ターゲットの中から、たった１人のペルソナを抽出する大きな理由なのです。

Step 4 **Point!**

ペルソナはターゲットの中から抽出したたった1人の理想のお客さまです。

Step 2

ペルソナの家族構成や年齢、生活をイメージしよう

Step2では、あなたの理想のお客さまであるペルソナを細かく設定していきましょう。

具体的には次のようなことを設定します。

＊氏名	＊子どもの性別・年齢
＊年齢	＊住居は賃貸or持ち家
＊職業（役職）	＊住居の築年数
＊過去のキャリア	＊最寄り駅
＊現在の勤務先	＊月に自由に使える金額
＊ペルソナの年収	＊ペルソナの性格
＊夫の年齢	＊ペルソナの趣味
＊夫の勤務先	＊どんな生活をしているか（平日・休日）
＊夫の年収	＊何に悩んでいるか　など

なぜここまで細かく設定するのか、疑問に思う方もいるかもしれません。細かく決めなければならない理由は、先ほども書いたように、お客さまの生活や思考を想像するためなのです。

ペルソナの生活を想像してみよう

先ほどのA子さんというペルソナなら、SNSへの投稿は何時ごろにしたらA子さんの目に触れるのか、メルマガを配信する曜日は何曜日の何時が適切なのかなど想像しやすくなります。

A子さんはわが子の数学の成績が伸びないから、成績を伸ばす方法を知りたいと思っています。そんな思いを抱えながら、午前10時から午後4時までパートで働いています。勤務時間中はスマホに触れません。仕事が終わって帰宅したら今度は家事で忙しくなります。

ですから、A子さんがSNSをチェックしたりメルマガを読んだりするのは夜寝る前くらいの遅い時間帯が多いだろうということが想像できるようになるのです。

◆ペルソナはどんな生活をしている？

答えはすべてお客さま

私がよく使う言葉に、「答えはすべてお客さま」があります。

例えば、「メルマガは何曜日に配信すればいいのでしょうか」と聞かれたら「ペルソナがメルマガを読みやすい曜日は？」と質問して考えてもらいます。「提供する商品はAとBのどちらがいいでしょうか？」と聞かれたら「ペルソナはどちらに惹かれると思いますか？」と質問して考えてもらいます。

ペルソナを決めることで「私のペルソナはどうだろう」と自分で答えを導き出せるようになるのです。

これまでに相談を受けたケースの中には次のようなことがありました。

ご相談者さんは不登校の親向けカウンセラーさん。ペルソナは日曜日の夜に「明日は学校に行ってくれるだろうか」と不安を抱えているだろうことが想像できます。そして、月曜日は「また今週も学校に行けなかった」と落ち込んでいるかもしれません。

こういう方にメルマガの情報を届けるには、週の半ばに配信するより、日曜日の夜や月曜日の午前中に配信する方が、ペルソナの心に寄りそうことができますよね。

これも以前に相談を受けたケースですが、ペルソナはフルタイムで働く会社員女性ということでした。そのように設定した理由は「自由に使えるお金があるから」とのこと。

ところがご相談者さんのサロンの営業日時は平日の10時から17時。これではペルソナはサロンに通えませんよね。フルタイムで勤務している会社員は、平日の夜や土日に営業していなければ来店することすらできないのです。

このようなことから、ペルソナを細かく設定するのは、お客さまの普段の生活や気持ちを想像するためだということがおわかりになったのではないでしょうか。

Step 2 **Point!**

ペルソナを設定する理由は
お客さまの行動や思考を想像するためなのです。

Step 3

ペルソナは何に悩んでいるのか

ペルソナが決まったら、そのペルソナの悩みを深く分析していきましょう。Step 3〜7まで、次のような流れで、ペルソナの悩み解決のために、どんな媒体で、どんな施策が必要かを解説します。

◆ペルソナの悩みを分析

❶何に悩んでいるのか？
例えば
- （A）太っている
- （B）子どもの成績

など…

▼

❷悩み解決のハードルは？
例えば
- （A）ダイエットが面倒くさい
- （B）塾に行かせるお金がない

など…

▼

❸解決すべき理由は？
例えば
- （A）同窓会があるから痩せたい
- （B）お受験対策

など…

▼

❹解決のための情報収集媒体は何かと、それに対応する施策
例えば
- TV → CMを打つ
- 紙媒体 → 新聞、チラシなどで告知
- インターネット → 自社サイトのSEO対策

など…

ペルソナの悩みを考え、書き出してみよう

ペルソナを決めたら、どんな悩みを抱えているのか仮説を書き出してみましょう。最低でも30個程度は書き出します。

書き出す悩みは何でもいいわけではありません。あなたの専門知識や技術で解決できるものにしましょう。

その悩みから、ペルソナはどんな気持ちになっていると思いますか。不安、焦り、怒りなどが想像できましたか。
「お客さまの気持ちがわかりません」では商売にはなりません。わかるまで本気で、憑依するといってもいいくらいお客さまになりきって考えてください。お客さまになりきって考えたら、悩みに胸が苦しくなったり、ときには悲しくて涙がこぼれ落ちたりすることもあります。それくらい深く考えてみてください。

人は強い心の葛藤がないと解決に向けて行動を起こしません。軽い悩みではなく、お金を払ってでも解決したい深いお悩みを想像できないと、あなたの仕事にはつながらないのです。

ペルソナのお悩みを解決するヒントをブログに書こう

ここで書き出したペルソナのお悩みは、ブログ記事などの発信ネタになります。ブログにはお悩みの答えを書くからです。お悩みを30個書き出せれば、30記事書くことができます。100個書き出せれば100記事書くことができます。30個書き出したから終わりではなく、思いついたらどんどん追加していくようにしましょう。

Step 3 **Point!**

あなたのスキルで解決できる
ペルソナの悩みを考えましょう。

Step 4
ペルソナの「ジレンマや葛藤」をもっと深く想像しよう

Step3でお客さまのお悩みを洗い出しました。ペルソナが動き始めてあなたを探し始めるところまでを想像していきましょう。

人は悩みを解決したいのに動かない理由があります。ジレンマや葛藤です。ジレンマとは、２つの相反する事柄の板挟みになること。どちらを選んでもよい結果にはならなそうな状態のことです。葛藤とは、植物の葛《かずら》と藤《ふじ》のこと。どちらもつる草で、絡まったらなかなか解けないもつれのことを表します。

◆決断するまでにどんなジレンマや葛藤がありますか？

人は何か決断する際に、ジレンマや葛藤と向き合わなくてはなりません。例えば「お金がない」「時間がない」「小さな子どもがいるから」など、本人は言い訳とは思っていない潜在的な意識です。もしかしたら悩みを家族に相談できておらず、そのためにお金を捻出できないなどの悩みもあるかもしれません。

ペルソナがお悩み解決に向けて動けないのはなぜ？

なぜ動けないのかを想像することによって、あなたの発信によってペルソナが動くきっかけをつくってあげられるかもしれません。

例えばペルソナが動けない理由が「お金がない」なら、「月々〇千円で」と払えそうな金額を提示することができます。「時間がない」なら「1日たった20分で」など、無理なく始められる提案をできます。

潜在的にストップしている原因を挙げてみることで、日々あなたが行う発信によって、ペルソナが取るべき行動に導いてあげられますよね。

◆ペルソナが動けない理由とそれに対する提案をしよう

ペルソナが動けない理由	無理なくできる提案の例
お金がない	月々〇千円で
時間がない	1日たった 20 分で
子どもがいるから	お子さんと一緒に楽しめる 在宅でもできる
家族に相談していない	パートナーに自分がやりたいことを 伝える 10 の方法

ジレンマや葛藤はペルソナの性格によっても変わってきます。設定したペルソナを振り返り、なかなか実現できない「思考や行動」を書き出して、「見える化」してみてください。

Step 4 **Point!**

ペルソナの気持ちを「見える化」することで対応策が見つかるかもしれません。

Step 5

ペルソナは何をきっかけに行動を起こすのか

ジレンマや葛藤を抱えていたペルソナが、問題を解決するために動き始めるとしたら、何がきっかけで動き始めるでしょうか。

人は、いきなり検索をしたり、SNSで探し始めたりするのではなく、行動を起こす前に何らかのきっかけがあるものなのです。

例えばずっと痩せたいと思いながらも痩せるための行動をしていなかった人であれば、「昨年着ていた服が入らなくなった」「同窓会があるからそれまでに痩せたい」「夫から『太ったんじゃない？』と言われた」など。「お金がない」「時間がない」などと言っている場合ではなくなるような大きなきっかけを経て何らかの行動を起こすようになるのです。

ペルソナが次に取る行動は何か？

きっかけがあって動き出したペルソナですが、次はどんな行動を取るでしょうか。「友達に相談をする」「本屋さんで解決になる本を探す」「インターネットで検索をする」「SNSで調べる」「セミナーに参加する」など、ペルソナが何か行動する姿を想像できますか？

Step 5 Point!

ペルソナが動き始めるきっかけを想像し、
どのような行動を取るかまで想像してみましょう。

Step 6

ペルソナがよく触れている媒体を考えよう

Step5ではペルソナが取る行動を想像しました。

ところで、ペルソナがどんな行動を取るにせよ、その行動の延長線上にあなたがいなければ見つけてもらうことはできませんよね。

テレビをよく見るペルソナであればテレビCMを打つのが有効でしょうし、新聞に挟み込まれているチラシを見るペルソナであればチラシでの告知が有効です。

SNSで調べるのであれば、どのSNSで調べるのか、具体的なSNSの名前まで把握できますか？　「自分や友達がこれまで使ってきたSNSだから」「Twitterがいいと聞いたから」などといった理由で使用するSNSを決めないでください。「答えはいつもお客さま」にあるのです。

媒体を考えるのはペルソナの行動上にあなたを置くため

ペルソナがよく触れている媒体を想像するのは、ペルソナの行動上にあなたがいなければならないからです。

ここでペルソナが使うと考えた媒体が、あなたがペルソナに向けて発信をする媒体となるのです。「誰に、何を、どのように販売するか」のうち「どのように」に直結するものです。

Step 6 **Point!**

ペルソナが情報を収集する方法を考え、
その延長線上にあなたの情報を置きましょう。

Step 7

ペルソナが検索するキーワードを見つけよう

ペルソナはもちろん、ウェブサイトでも悩みを検索するかもしれませんね。

さて、Web検索で悩みの解決法を探すのであれば、検索上位にあなたのサイトが入っていなければ見つけてもらえません。検索キーワードの話をすると、「私の検索キーワードは○○です」と決めている人がいます。でも、本当にそうでしょうか？

検索はあなたがするのではなく、ペルソナがするのですよね。ですから、あなたが検索キーワードを決めるのではなく、ペルソナがどんな言葉で検索するかを想像しなければなりません。

◆ペルソナがどんな言葉で検索するか考えよう

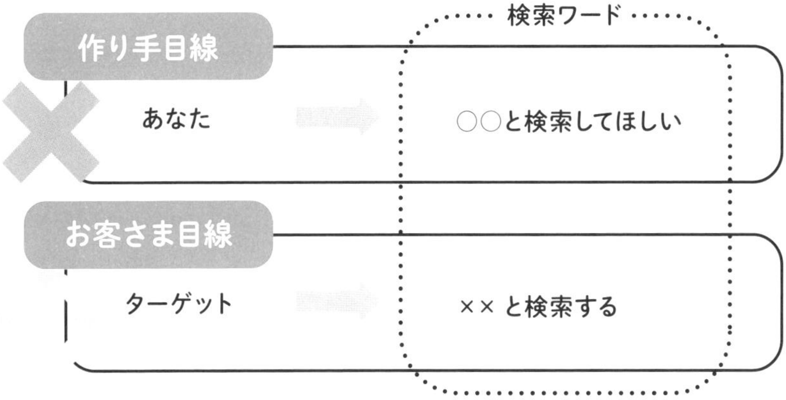

検索上手な人は「検索され上手」でもある

ペルソナが入れる言葉は1つでしょうか？　いいえ、そんなことはないはずです。私が過去に検索した例で説明しましょう。

ある日、私がキャベツを刻んでいたときのこと。キャベツの破片が床に落ちてしまい、足元にいた我が家の猫がパクッと食べてしまいました。私は非常に焦りました。猫がキャベツを食べても大丈夫なのか知らなかったからです。

急いでスマホで検索をしました。「猫　キャベツ」だったと思います。「猫　キャベツ　食べても大丈夫」だったかもしれません。

「猫　キャベツ」は2つの言葉の組み合わせです。「猫　キャベツ　食べても大丈夫」は3つの言葉になります。検索窓に「猫」だけ入れたら、猫そのものについて書いてある結果が延々と表示されることは容易に想像できます。「キャベツ」だけならキャベツそのものについての結果が表示されると思います。

言葉の意味そのものを調べるときをのぞいて、検索するときは上記の例のように、2つから3つの言葉を組み合わせることが多いもの。さっそくペルソナが組み合わせて入れる言葉の組み合わせを想像してみましょう。「検索上手は検索され上手」です。検索に慣れていない人は、検索窓に入れる言葉を選ぶのが上手ではありません。日々検索する回数を増やしてみてください。あなたのペルソナが検索するキーワードが見つかるようになりますよ。

Step 7 **Point!**

ペルソナが検索をするときに
検索窓に入力する言葉を考えましょう。

Step 8

ペルソナはどんなことにピンとくるのか

ペルソナが検索をしてあなたのサイトやSNSにたどり着きました。そのときペルソナがあなたに持った印象を想像してみましょう。

前提として気にしておいてほしいことがあります。
それは「人は何かを探すとき、他と比較して誰に頼むか検討をする」ということです。

お客さまは、あなたとライバルを比較した上で決める

例えば、あなたがコートを買いに行ったとします。最初に入ったお店で「これでもいいかな」と思うコートに出会えたとして、あなたは即決して買いますか？　ほとんどの人が１店舗目では決めず、他のお店も見るのではないでしょうか。何店舗か回り、いくつかのコートを見て、色、素材、価格などを基に検討してから決めるのではないでしょうか。

お客さまもまさに同じ行動を取っているのです。
もし、あなたが検索結果の一番上に表示されていたとしても、お客さまは必ずしも一番上のサイトから買うとは限りません。いくつかのサイトを見て、比較してから決めます。

それでは、ライバルと比較したペルソナは、あなたの「どんなところに」ピンときてあなたから買うと決めるのでしょうか。あなたの人柄？あなたの実績？　それとも、他ではやっていないサービスでしょうか。

あなたにピンときてもらうために必要となるのがUSP

ライバルと比較されたとき、印象が薄く「誰に頼んでも同じ」と思われると価格勝負になります。安売り合戦になってしまいますよね。価格競争になると、どうしても、大企業の方が有利になるので、個人の小さなビジネスで価格勝負はおすすめしません。

ライバルの中から選ばれる「何か」を探さなくてはならないのです。

あなたにピンときてもらうために必要なのがUSPとなります。USPについてはChapter 2で深掘りします。

Step 8 Point!

ライバルと比較してあなたが選ばれる「何か」を探しましょう。

やってみよう!

Let's try!

ペルソナ設定をパーフェクトに完成させるワーク

ペルソナのプロフィール

ペルソナのプロフィールを具体的に想像し、書き留めましょう。

- ＊氏名
- ＊年齢
- ＊性別
- ＊職業/役職
- ＊年収
- ＊住んでいる場所
- ＊家族構成
- ＊性格

ペルソナの生活

ペルソナは仕事やプライベートの面で、どのような境遇に置かれているでしょうか。

また、ペルソナはどのような生活を送っているでしょうか。平日と休日それぞれについて想像してみましょう。

ペルソナの悩み・願望・葛藤

ペルソナの悩みや願望について次のことを書き出してみましょう。

— *Work* —

＊ペルソナの悩みごと（30個程度）
＊その悩みによって、不安、焦り、怒りなどのどんな感情を抱いているか（セリフ調で）
＊ペルソナはどうなりたいと強く思っているか
＊願望を実現させるためにペルソナが努力したり、調べたりしていることと、それでも挫折してしまう理由

ペルソナのジレンマや葛藤はどんなことでしょうか。願望はあっても、実行に移せない理由・制約・言い訳や、常に頭の中でつぶやいている言葉やセリフなどを書き出してみましょう。

ペルソナが問題解決に向けて動き始めるとき

ペルソナが問題解決に向けて動き始めるときのことを想像し、以下のことを書き出してみましょう。

＊変わりたいと強く感じたきっかけ
＊変わりたいと感じたペルソナはどんな行動を取るか
（例）友達に相談する、セミナーに参加する　など
＊検索で調べるときに用いる検索キーワードやハッシュタグ

ペルソナがあなたのメディアにたどり着く過程を想像してみましょう。

＊情報を探していたペルソナは、どのようにしてあなたのメディアにたどり着いたか（検索の場合には具体的な検索ワード）
＊ペルソナがあなたのメディアにたどり着いたときの印象（具体的にどのようなところにピンと来たのか）

こちらのQRコードから
ワークシートをダウンロードできます。
（パスワードは本書10ページに掲載）

― *Work* ―

Chapter 2

ライバルとの差別化を図ろう

オンリーワンになれる
USPの見つけ方

Step 1

ライバルをチェックしよう

ひとり起業や小規模のビジネスでは、大手ができないニッチな市場で勝負していきます。そのニッチな市場でライバルと比較されても選ばれるようなオンリーワンになればいいのです。

Chapter 2では、ライバルと比べられた上であなたのビジネスを選んでもらうようにするために、ライバルチェックの方法とオンリーワンになれるUSPの見つけ方について解説をしていきます。

「同じ仕事をしている人が多くて、同業者の中で差別化ができていない」というご相談をよく受けることがあります。同業者の中で、どのように独自のポジションを取っていけばいいのでしょうか。

それを考えるのに必要なのがライバルチェックになります。新規に出店する前には必ず市場調査をしますよね。ライバルチェックもそれと同じです。同じ商圏にお店を出しているライバル店をチェックして、ライバル店に勝てる独自のポジションを見つけるために行うものなのです。

小さな分野でトップを目指そう

例えば、オーガニック食品で人気のスーパーが近所にあるなら、そこに勝とうとオーガニック食品に力を入れても、先に出しているライバル店に勝つのは難しいでしょう。では、自分のお店がライバル店に勝てるのはどんなことだろうということを考えて決めるのです。

お菓子売り場を充実させておしゃれな輸入菓子を並べるとか、近隣のスーパーにはない高級ワインを並べるとか。スタッフの質の良さを売りにすることもできますし、店舗内の豪華さやバリアフリーを売りにすることもできます。

どんな業界でも、その業界内でトップのポジションを取るのは難しいもの。サッカーを始めても、日本代表選手になるのは厳しい道のりだと想像できますが、頑張れば地元チームの選手になれるかもしれません。趣味のサッカーチームなら、レギュラーになって楽しくプレイできる可能性も出てきますよね。

起業も同じで、ある分野のトップを目指すことは難しくても、ニッチなポジションのトップなら取れる可能性が高くなります。つまり、トップになれそうな小さな部分を見つけていけばいいのです。

◆どんなところならトップを取れる?

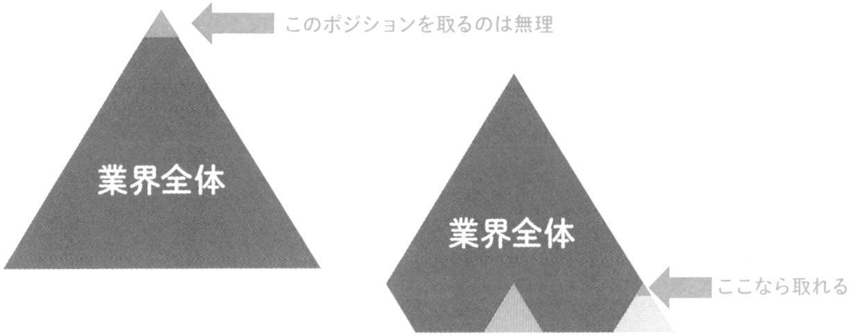

実は「ここなら勝てる」という場所は自分では気づきにくいものなのです。あなたにとっては当たり前のことかもしれないからです。

当たり前にできることの中にUSPのヒントがある

私のコンサルティングを受けてくださる方には、様々なワークに取り組んでもらいます。ライバルチェックやペルソナ設定、USPを見つけるワークなどがあります。頭から湯気が出るくらい考えてもらい、それをたたき台にして個別セッションをします。時には何度もやり直しをすることもあります。こうしたことは、ビジネスの根幹となる重要な部分だからです。

昨年も、時間をかけてワークやセッションに取り組んだ末に、ようやく独自のUSPが見つけられたクライアントがいました。１か月間、彼女のポジションはどこだろう、独自の売りとなるのはなんだろうとずっと考え続けていました。個別セッションで彼女がふと口にしたひと言から「それだ！」と気づき、「どうしてもっと早く言ってくれなかったの？」となったのですが、彼女にとっては当たり前のことすぎて、わざわざ言うことでもなかったようです。

このエピソードからもわかるかもしれませんが、あなたにとっての当たり前は、世間では当たり前ではないかもしれないということがあります。あなたがいとも簡単にできることで、他の人に「なんでそんなことができるの？」と言われることが仕事になるかもしれません。

あなたが他の人を見て「なんでこんなことできないんだろう」と心の中で思ってしまうようなことはありませんか？　他の人はかなり頑張らないとできない、頑張ってもできない、けれどもあなたには簡単にできることがあれば、それはあなたの強みなのです。

Step 4 **Point!**

あなたが「ここなら勝てる」場所を見つけるために
ライバルチェックは欠かせません。

Step 2

ライバルを5～10社書き出そう

ここからStep6までは、あなたがトップを目指すべき、強力なライバルがあまりいない、「ニッチなポジション」の探し方を解説します。

ニッチなポジションの探し方は、次のような流れになります。

◆ニッチなポジションはこのように探そう

ニッチなポジション → 強力なライバルがいない立ち位置

ニッチなポジションの探し方

①ライバルを書き出す
②ライバルのターゲットを見つける
③ライバルの商品構成、価格帯を調べる
④ライバルの強み、弱点を見つける

↓

①～④を考慮して、強力なライバルがいない
立ち位置を探ろう

まずは同業者をチェック

具体的なライバルチェックについてお話ししましょう。まずは同じ商圏の同業者をチェックします。オンラインでビジネスを行っている人は

全国展開できるのですから全国にライバルがいると思ってください。

探し方は、ペルソナが検索しそうな言葉を検索窓に入れ、表示された人の中からライバルになりそうな人をピックアップしていきます。検索窓に入力する言葉は1パターンだけでなく、いくつも換えて何度も検索しましょう。言葉を換えても表示される人は強力なライバルであるといえます。

ライバルは最低でも5社、できたら10社、書き出しましょう。書き出す際、社名、キャッチコピー、ホームページやSNSのURLも忘れずに書いておいてください。後から見直すときに必要となります。

ライバルのどこを見たらいいのかは、Step3〜5で説明します。

同業者以外でうまくいっている人もチェック

同業者以外でうまくいっている人をチェックしてみるのもよいでしょう。その人のビジネスがうまくいっている理由には、あなたの業種でも取り入れられることがあるかもしれません。

同業者以外をチェックするときには、店舗系ビジネスなら店舗系でうまくいっている人を、非店舗系ビジネスをしている方は非店舗系ビジネスをしている人をピックアップするようにしましょう。

ちなみに、「店舗系ビジネス」とはお客さまに来店してもらうビジネスです。「非店舗系ビジネス」は「情報系ビジネス」ともいわれ、店舗を持たずにこちらから出向いたり、オンラインで全国展開できるビジネスのことです。

Step 2 Point!

同業者はもちろん、同業者以外でも
うまくいっている人をチェックしましょう。

Step 3

ライバルのターゲット層を見極めよう

Step2で書き出したライバルのターゲット層を書き出します。「40代の女性で○○に悩んでいる人」など、お客さまにしたい層の大まかな特徴です。

ライバルのお客さまはどんな人？

ライバルのホームページをよく見ると「たぶん30代で、小学校低学年くらいのお子さんがいるママがターゲットだな」などと想像ができると思います。あなたがもし「50代で、お子さんがもう社会人になっている主婦」をターゲットとしているのなら、ライバルとはターゲットが違いますよね。30代のお客さまはライバルのところに行くかもしれませんが、50代のお客さまは「ここは私向けではないわ」とライバルのところにはいかない可能性が高いでしょう。

まずは、真のライバルを見つけ出しましょう。真のライバルとは、「同じ商圏であり、かつ、同じ世代がターゲットになっているお店」のことです。ライバル社のターゲットを細かく研究していきましょう。

Step 3 Point!

同じ商圏で同じ世代をターゲットにしているのが真の意味でのライバルです。

Step 4

ライバルの商品構成、価格帯を書き出そう

ライバルはどんな商品やサービスを提供していますか？　同業者の商品構成、価格帯を書き出してみましょう。あなたが提供する類似の商品やサービスより高いでしょうか、安いでしょうか？

商品を見るときは、フロントエンドとバックエンドを意識

ライバルの商品構成と価格帯を書き出す際、気にしてほしいのがフロントエンドとバックエンドです。フロントエンドとはお客さまを最初に呼び込むために最初に展開する商品やサービス、バックエンドとは利益を出すための本命の商品やサービスです（63ページ）。フロントエンドで集客し、そこからバックエンドを売っていくのです。

たいていのホームページには、どちらの商品構成、価格も掲載されているものですが、時々バックエンドの商品やサービスの価格を表示していないホームページもあります。ライバルのホームページに同じ価格帯の商品やサービスしかない場合は、価格や商品・サービスの内容などから、その商品がフロントエンドなのかバックエンドなのかを予想しましょう。

Step 4 **Point!**

ライバルが提供する商品やサービスを
あなたのビジネスの商品・サービスと比べてみましょう。

Step 5

ライバルのよい部分、弱い部分を洗い出そう

ライバルのホームページなどから、ライバルのよい部分と弱い部分を探してみましょう。

よい部分とは、例えば「メルマガの読者が数千人いる」「口コミの数が多い」「ご紹介が多くお客さまが途絶えることがない」といったことです。弱い部分とは、例えば「ホームページがない」「ブログをあまり更新していない」「フロントエンドの商品がなく、お試しができない」「バックエンド商品の価格が高すぎる」といったことです。

ライバルのこんなところをチェックしよう

- ✓ ホームページやブログがあるか
- ✓ ホームページやブログはこまめに更新しているか
- ✓ メルメガを発行しているか
- ✓ 商品・サービスのメニューや説明はわかりやすいか
- ✓ 申込みや予約までがスムーズにできるか
- ✓ お客さまの声や人《ひと》気《け》があるか
- ✓ どこから集客しているか
- ✓ 売りになる部分や強みとなるものは何か

ライバルに勝てないなら別のポジションを探そう

ライバルの強みがわかると「勝てない」と落ち込むこともあるかもしれません。落ち込みたくないあまりに目を逸らしたくなるかもしれませ

んが、ここではしっかりとライバルの強みを明確にしてください。

見つけることのできたライバルのよい部分は、あなたのビジネスでもできないか検討してみましょう。今すぐできること、今すぐはできなくてもしばらくしたらできそうなこと、時間や人手があればできそうなこと、資金力がついてきたらできそうなこと、などと分けて考えてみるのもいいかもしれません。

ライバルに絶対に勝てない部分では、そのトップポジションをあなたが取るのは難しいので、あなたが勝てそうな別のポジションを探すべきでしょう。

あなたにはできてライバルにはできないものは何がある？

ライバルには抜けているところを見つけていきます。数いるライバルの中で「○○に強い人」がいない場所はありませんか？ そこがあなたのポジションとなります。

私自身もこの仕事を始めてから、女性コンサルタントでSEOに明るい人は多くはないことに気づきました。クライアントのブログを検索上位にして、検索からお客さまに来てもらえる状態にできていたので、まさに私が取れるポジションでした。今でも女性起業家を対象にコンサルをしている女性でSEOについて語れる人はそう多くないと思います。日本全国、海外からもクライアントが集まるのは「ほかの女性コンサルとは言っていることが違う」と思ってくださるからのようです。

Step 5 Point!

あなたがトップを取れるポジションを探しましょう。

Step 6

USPについて学んでいこう

「USP」とはUnique Selling Proposition（ユニーク・セリング・プロポジション）を略した言葉で、マーケティング用語の１つです。「独自の売り」とか「独自の売りの提案」と言われることがありますが、「私から商品やサービスを買うと、こんなメリットがありますよ！という提案をすること」と言い換えればわかりやすいでしょうか。

その提案は、ペルソナのお悩みを解決するもので、ライバル社と比べてユニークなものでなければならず、そうでないとお客さまに選んでもらえません。

また、いわゆるキャッチコピーというものとは別のものになります。

お客さまに選んでもらえるのはユニークなビジネス

私自身の例ですが、私は「学芸会で終わらないビジネスを作る」という言葉を使っています。起業をしたけれどお友達同士で買い合ったり、コミュニティ内で買い合ったりしているだけで、「このままでいいのだろうか」と感じている人に刺さるような言葉であると思って使っています。

私には当たり前にできるけれど他の人にはできないことは、「クライアントであるお客さまになりきって考えることと、クライアントの良さを見つけることである」と自負しています。それもこの仕事を始めてから人に言われて気づいたことです。

自分のUSPを書き出そうとしても、ほとんどの人が当たり前のことしか出せません。「他の同業の人でもできるよね」といったことは、その人はユニークではないのです。

ヒントを元にUSPを考えてみよう

USPは人によって違うものであり、かつ自分にとっては当たり前すぎてなかなか見つけられないものでもあります。例えば、次のようなものかもしれませんし、これらを掛け合わせたものかもしれません。

USPを見つけるヒント

＊生まれつき持っている特殊な能力
＊前職で培った専門知識
＊専門家として活動してきた年数や実績
＊過去の経験（ある困難に遭い、そこから脱出できたなど）
＊立地の利便性
＊特殊な営業時間

USPが見つからなかったり、よく考えずに適当に決めてしまったりすると、何の売りもないその他大勢の人と同じになり、それでは価格面での競争となってしまいます。

USPは、頭から湯気を出すくらい考えに考え、蒸発するものがなくなるくらいまで考えてようやく見つかるくらいのものです。自分自身でも一生懸命に考え、時には他の人から見た自分のことを教えてもらうなどして見つけてほしいと思います。

Step 6 Point!

USPが見つからないときは、いろいろな手段を試してみましょう。

Step 7

お客さまのお悩みを解決できるUSPをつくろう

Step6で、USPは考えに考えてようやく見つかるくらいのもの、とお話ししました。では、具体的にどのようにしてUSPを見つけるのでしょうか。いくつかの方法があるのですが、過去の私のクライアントの事例を交えながら説明していきましょう。

あなただけの経歴を活かす

あなたが経験してきたことは、あなただけのもの。これまで経験してきたことの中から、ビジネスとして売りになることはないでしょうか。過去の経歴は誰にも真似ができません。非常に強い売りとなります。

【例1】ペン字筆ペン教室を主宰しているK先生

年間数百通の手紙を書いてきた元衆議院議員秘書が教えるお手紙レッスンです。衆議院議員秘書の経験がある人は少数ですし、その中でも自筆でのお手紙を任されていた人はそれほどいないはず。彼女が書く美文字はもちろんのこと、過去の経歴でオンリーワンのポジショニングができています。

【例2】アート書道教室を主宰しているS先生

美大卒、元デザイナーによるアート書道教室です。彼女は周りが皆美大卒だったので、美大卒は普通だと思っていたそうですが、美大を卒業し企業でデザイナーとして仕事をしていた経験のある人による書道教室はなかなかないでしょう。これも経歴からつくれる独自の売りです。

自分だけではないこと、当たり前のことを、あえて言語化する

セブン-イレブンは、「朝7時から夜11時までお店が開いていること」を売りにしました。ドミノ・ピザの売りは「30分でお届け」ですね。「結果にコミットする」のRIZAPは、結果にコミットできなければ返金を保証するとうたいました。セブン-イレブン以外にも早朝から夜遅くまで開店していたお店があったかもしれません。ドミノ・ピザ以外にも30分で届けてくれるピザ屋さんはあったかもしれません。「結果にコミットする」なんてほとんどの業種で当たり前だと思いませんか？

このように、同業他社でもできること、していたこと、当たり前のことなどでも、言語化していなかったことを言語化することで、自分のビジネスの売りにつなげられることがあるのです。

【例3】薬膳講師Mさんの「なかったことにする薬膳」

薬膳業界では、バランスを取りプラスマイナスゼロにするという概念は当たり前のことなのですが、私はMさんに教えてもらうまで知りませんでした。検索してもヒットしなかったので、あえて言語化しました。「なかったことにする薬膳」といえばMさん、と思い出してもらえるようにしたのです。Mさんのビジネスは、薬膳の当たり前を言語化しただけでなく、自分が更年期のころの経験から薬膳の勉強を始めたことで、更年期世代の多くの女性に支持されています。

あなたの得意を活かす

自分の得意を活かして独自のポジションを取るやり方です。得意なものからの差別化は他の人にはなかなか真似できない、その人だけの強みになります。

【例4】整理収納アドバイザーAさんの「引越し収納プランニング」

整理収納アドバイザーAさんは大学で建築学を専攻していました。初

めてお会いしたとき、間取り図を読んで「間取りから片づけの仕組みを考える」と聞き、他の整理収納アドバイザーとは違うと思ったのです。現在彼女の大人気サービスに「引越し収納プランニング」があります。新居の間取りから収納をプランニングするサービスなのですが、「こんなサービスを探していました」と申込みが相次ぎ、繁忙期はお断りするくらいになっているそうです。

会得した技術をいくつか組み合わせる

会得した技術を複数組み合わせて独自の売りにする手法は、施術系のサロンなどで取っていることがあります。例えば、整体やマッサージ系のいくつかの資格を取り、実践していくうちに、それまで習った技術が組み合わさって売りとなる施術になっていることがあります。「○○（自分の名前）式」のようになっているケースです。あえて○○式とは言わなくても、より効果が出るオリジナルメソッドですね。こうした手法はファッションなどの分野でも使え、パーソナルカラー診断や色彩心理などを使い、その人だけの商品やサービスを創り出すことが可能です。

Step 7 **Point!**

①経歴、②得意分野、③技術の組み合わせから、あなたの売りを探してみましょう。

Step 8

経験・資格・得意なことから USPを見つけよう

私自身の経験や私のクライアントの事例からも、これまでの人生経験からビジネスの「売り」となるものが見つかることが多いです。これまでの経験を以下のような観点から振り返ってみましょう。

売りを見つけるヒント

* 学生時代に学んできたことは何か
* 学生時代に得意だったことは何か
* これまで勤めた職場で担当してきた仕事は何か
* 自分には簡単にできることの中で、人から「すごいね」「どうしてそんなことができちゃうの？」と言われることは何か

自分には「当たり前」、他の人にはできないこと

特に、最後に挙げた項目が最強です。「すごいね」「どうしてそんなことができちゃうの？」とまで言われたことはなかったとしても、他の人を見ていて、「私は当たり前にできるのに、なんで他の人はこんな簡単なことができないんだろう」と感じることはありませんか？　例えば、タスク管理のうまさや、物事を深堀りする力、長時間細かい作業をするのが苦にならない、何かの仕様などを見るだけでこう使えばうまくいくと予想できる能力など。もしそんなことがあるとしたら、それがあなたの強みであり、USPになるものかもしれません。

「資格×これまでの人生経験」で売りとなること

Step7で紹介した事例を思い出してみてください。

独身時代の仕事がUSPになったケース、学生時代に勉強したこと＋自分の得意がUSPとなったケースなどがありましたね。もう１つ、よい事例があるのでご紹介しましょう。

【例5】職種を変えて成功したMさん

ドライフラワー教室を主宰していたMさんの例です。フラワーアレンジメントの教室は巷にあふれていますが、習いたい人はそれほど多くはなく、需要と供給のバランスが取れていないお教室業の代表例といえます。Mさんが教えているのはフラワーアレンジメントの中でもドライフラワーという特殊なものなので、集客には苦労をしていました。彼女のコンサルに入った私は、彼女の資格にファイナンシャルプランナーと宅建士があることに気づきました。証券会社に勤務していた独身時代からずっと投資を続け、不動産のオーナーでもあります。ファイナンシャルプランナーの有資格者はたくさんいますが、何十年も投資を続け、不動産、会社まで持っているファイナンシャルプランナーはそう多くはないはずです。

老後2,000万円問題以降、投資に興味がある人は増えています。ドライフラワー教室より需要があるため、私はMさんに職種を変えるよう提案してみました。とはいえ、すんなり職種を変えたわけではなく、お教室業を捨てきれなかった彼女は、２つの仕事を掛け持ちして発信を始めました。そんな矢先に新型コロナウイルス感染症が流行。人を集められるような状況ではなくなり、お教室業は廃業してファイナンシャルプランナーのお仕事のみでやっていくと決意したのです。以来、独立系ファイナンシャルプランナーとして、同世代女性からの投資の相談に熱意を持って取り組んでいます。

彼女はご自身の人生経験を活かして職種を変えたのですが、30年も前に勤務していた会社での経験と資格で差別化ができました。

オンリーワンのポジションを取れる場所

起業をするために資格を取る人は多いのですが、差別化のために更なる資格を取ることは必ずしも必要ではありません。あなたがオンリーワンのポジションを取れる場所は、数十年前の経験かもしれません。Step7でお話ししたように、これまでの人生経験から見つけたあなたらしい「売り」と、持っている資格を掛け合わせてみると、あなたのUSPが見つかるかもしれません。

◆オンリーワンになれる場所を見つけよう

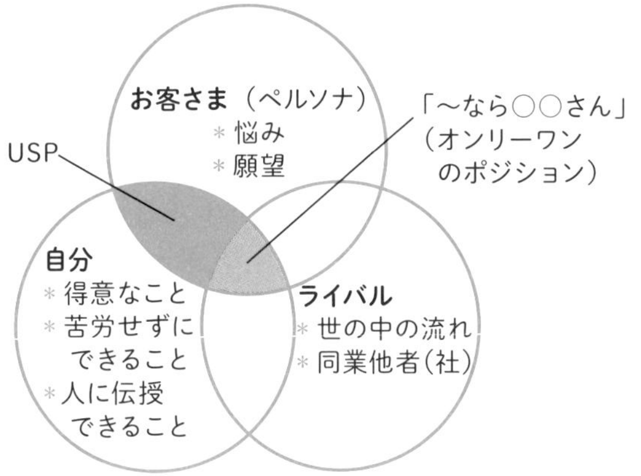

Step 8 **Point!**

人生の棚卸しがてら、これまでの経験を見直してみましょう。

やってみよう!

Let's try!

USPをパーフェクトに完成させるワーク

ライバルをチェックしよう

ターゲットが近い、近隣で活躍している同業者（社）について調べ、次に挙げる情報をまとめておきましょう。5〜10人（社）程度ピックアップすると、それぞれの特徴が見えてくるでしょう。

＊社名、ウェブサイトURL

＊キャッチコピー

＊売りや強みだと感じたところ

＊ターゲット層

＊商品構成や価格

＊よいところ、ウイークポイント

＊あなたが取れそうなポジション

自分自身の棚卸しをしよう

あなた自身でビジネスリソースを棚卸しするため、これまでの人生を振り返ることで、USPを探すヒントにしてみましょう。

＊保有資格・技術

＊趣味や特技

＊日課・習慣としていること

＊ついつい集めてしまうもの

＊はまっているもの

— Work —

＊人と比べて変わっているところ
＊他の人と比べて特殊だったり、他の人から「珍しい」「面白い」「すごい」などと言われた環境に身を置いていた経験
＊つい没頭して夢中になってしまうこと
＊誰にも負けないと思うこと・体験
＊自分ではあまり苦にならず、むしろ楽しいことで、人からは「なんでそんなことできちゃうの？」と言われること
＊情熱を持って30分以上続けて話せる話題
＊十分な収入が得られたとしても仕事をしたいと思う理由

上記２つのワークと、Chapter 1「ペルソナは何に悩んでいるのか」（17ページ）から、あなたはどんな人の力になれる（なりたい）と思いますか？　また、それはあなたのどのような強みや人生経験に基づいていると思いますか？

それがあなたのUSPの大きなヒントとなります。

あなたのUSPと肩書きを考えてみましょう

USPを30個書き出してみましょう。「他の同業者でもできる」と思うものは入れないようにしてください。

（例）間取りから片づく仕組みを考える

一般的な肩書き（ご挨拶の際に恥ずかしくなく名乗れる肩書き）で十分ですが、もし、あなたらしい肩書きが必要だと感じられるなら、肩書きの案を５個程度書き出してみましょう。

こちらのQRコードから
ワークシートをダウンロードできます。
（パスワードは本書10ページに掲載）

Chapter 3

きちんと
利益が出る商品・
サービスにしよう

マーケットインこそ
商品づくりが大事

Step 1

そもそも仕事とはどういうもの？

「好きなことで起業したけれど、稼げていない」というお悩みをよく聞きます。Chapter 3では10のステップであなたの商品やサービスを「本当にお金になるもの」につくり直す方法についてお話しします。

仕事とは役に立った対価として貨幣を受け取ること

そもそも仕事とはなんでしょうか。仕事とは「役に立った対価」として貨幣を受け取ることであるのを理解しましょう。ですから、商品やサービスには、お金を払ってまで買いたいと思わせるような価値が備わっている必要があります。

では、そんな「役に立つ」商品とは、どんなものなのでしょうか。

それは、お客さまが自分では解決できない「不」を解消する商品です。「不安」「不満」「不足」「不快」「不便」「不具合」など。誰かの「困った」を解決してあげた対価としてお金を頂戴するのです。

お客さまの「今のお悩み」にフォーカスして商品をつくろう

起業する方の中には、自分の過去の経験から、「転ばぬ先の杖」のようなものを商品やサービスとして提供しようとする人がいます。「私は子どもが思春期のときに大変な思いをしたから、子どもが思春期に入る前にこうしておきましょう」「私は更年期にとてもつらい思いをしたから、更年期に入る前にこのようにしておきましょう」「親の介護で大変な思いをしたから、介護生活に入る前にこうしておきましょう」といったものです。他の人が大変な思いをしないようにとの親切心からなのでしょう。

でも、あなたがそうなってから悩み苦しんでいろいろと調べたように、これからその道を通るだろう人も、身をもって実感してからでないと、楽になる方法を調べたり、誰かに相談したりしようとは思わないのです。つまり、人は「予防のためにはお金を払わない」ということですね。

「転ばぬ先の杖」を商品にするのは難しいので、転んでしまった人に手を差し伸べるような商品にすることが大事です。

好きなことを仕事にするのは素敵なことです。でも、ニーズがなければお金にはなりません。あなたの商品は誰の「不」を解消できるのか、誰の役に立ち、対価としてお金を頂戴できるのかをじっくり考えてください。

Step 4 **Point!**

「お金を払ってでも解決したい問題」を
商品のテーマにしましょう。

Step 2

何かの専門家になろう

Step1で、誰かの「不」を解消することが仕事だとお話ししました。あなたの知識や技術で誰かの「不」を解消するわけですが、あなたは誰のどんな「不」を解消できるでしょうか。

本当に悩んでいる人は専門性の高いところに行く

まずは、お客さまの視点に立って考えることが大切です。

小さなお子さんのいる親が、お子さんの症状から、何か重篤な病気にかかっているのではないかと不安になったとき、「内科・呼吸器内科・小児科・皮膚科」と看板が出ているクリニックと「小児科」専門のクリニック、どちらを選ぶでしょうか？　重篤な病気かもしれないと思ったら、小児科専門医に診てほしいのではないでしょうか。

無添加で美味しいこだわりのお味噌が欲しいときには、スーパーのお味噌売り場で選ぶより、お味噌の専門店に行って店員さんに相談しながら買いたいですよね。

このように、本当に悩んでいる人はその分野に詳しい専門家に、本当に欲しいものがある人は専門店に頼ろうとするのです。

そして、こだわりの商品であれば、若干お値段が高くても購入します。それだけ悩みが深いからです。

専門分野を真摯に学び続けよう

専門性を打ち出せず、同業者と同じようなサービスばかり提供していて、値段を下げて何とか買ってもらっている状態になっていませんか。

ひとり起業などの規模の小さいビジネスでは、大量生産・大量販売は難しいもの。そういう商品はどうしても価格競争になってしまい、価格競争になったら大手にはかないません。

だったら、ほかでは手に入らない「こだわりの商品」にしてはいかがでしょうか。大規模なデパートやスーパーではなく、小さな専門店（専門家）になりましょう。

そのためには、専門分野を学び続けることが必須です。食事も忘れ、寝る時間も削るぐらい好きじゃないと務まらないのが起業なのです。その分野のことなら何でも聞いてくださいと言える専門店（専門家）になってくださいね。

◆ゼロから専門家になるには

- ＊こだわりの商品をつくる
- ＊リピートされる商品にする
- ＊小さな専門店にする
- ＊資格だけじゃなく知識をつける

Step 2 Point!

本当に悩んでいる人の
お役に立てる専門家（専門店）になりましょう。

Step 3

資格だけでは集客できない

起業するときに、あまり知られていない民間資格を取ろうとする人がいます。また、すでにやっているビジネスでうまく集客できないと、「集客できないのは資格が足りないからだ」と考え、次なる民間資格を取得しようする人もいます。

残念ながら有名でない民間資格がお客さまを連れてきてくれるわけはありません。むしろ、プロフィールページに知られていない民間資格をズラッと並べるのは、マイナスブランディングにもなりかねません。

国家資格である医師や弁護士ですらクリニックや弁護士事務所を開いただけではお客さまは来てくれません。折り込みチラシを入れたり、地域の情報誌に載せてもらったり、ホームページのSEOを頑張ったりしているのです。国家資格でそうなのですから「○○協会認定講師」「××協会認定インストラクター」と無名の民間資格を連呼したところで見向きもされません。そもそも知られていなければ検索すらされないのです。

その民間資格は検索してもらえるのか

ところが、その資格仲間に囲まれていると、「自分が取った資格は有名で、誰でも知っている」と勘違いする傾向があるようです。私のグループコンサルティングの参加者に、ブログタイトルが「地名＋民間資格の名前」の人がいました。「このブログタイトルでは、検索からお客さまがいらしてくれませんよ」とアドバイスしたのですが、ご本人は資格名で検索している人がいると思い込んでいたのです。ほかの参加者に「○○という資格を知っていますか？」と聞いてみたところ、誰も知りません。そのときはがっかりしていたのですが、検索されないブログを書き続けるよりは、気づいて良かったのではないでしょうか。

民間資格の中には市場がないのにつくられているものもあります。本来、自分ひとりではこなせない量の仕事がくるようになってから認定講師を育てて仕事を分け与えるものだと思うのですが、そうではない資格も多く、資格を販売することが目的となっているビジネスもあるようです。

少し勉強をしてお金を払えば取れるような資格では、ビジネスを差別化できません。なぜなら、ほかの人も少しの勉強とお金で簡単にその資格を取れるからです。

資格に頼らずお客さまの役に立つことを探そう

では、資格を取るのはまったくの無意味なのかと言われたら、そうとも言い切れないものがあります。Step1で説明したように、人は悩みを解決するためにお金を払うので、資格の勉強で得た知識で、お客さまのお悩みを解決してあげればいいのです。ひざの痛みを解消したいお客さまにとっては、○○協会インストラクターの肩書きより、痛みをなくしてもらえるかが重要です。サービスする側が、問題解決の手段を持っていて、それを必要な人に届けられればよいのです。

Step 3 **Point!**

資格は集客のためではなく
お客さまの悩みを解決する手段として使いましょう。

Step 4

マーケットインで商品を開発しよう

そもそも商品づくりをするときに意識してほしい言葉があります。それは「マーケットイン」「プロダクトアウト」という言葉です。マーケティングにおいて重要な言葉なので、覚えておきましょう。

マーケットインとは？

マーケットインは、消費者が求めるものを商品化すること。新型コロナウイルス感染症の影響でマスク不足になり、大企業だけでなく、小さな会社や個人事業主までもがマスクを作り、販売しました。このようなケースが「マーケットイン」に当たります。

◆マーケットインとプロダクトアウト

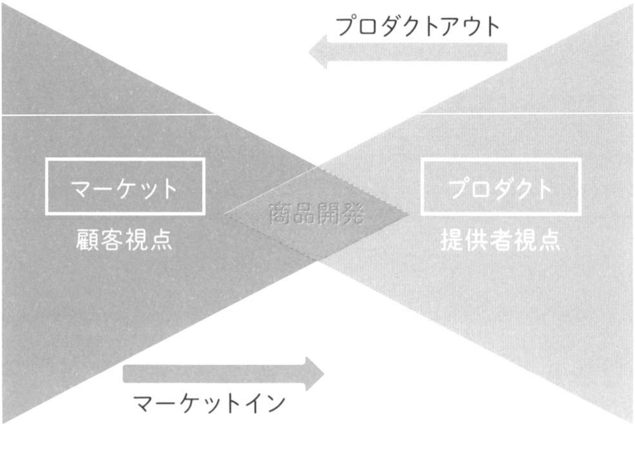

プロダクトアウトとは？

一方、プロダクトアウトは、商品をつくる側がつくりたい商品を開発すること。売り方も商品をつくってから考えていきます。

いくつか代表的な商品を挙げると、40年ほど前に開発・発売されたソニーのポータブルカセットテープ再生機「ウォークマン」は、ヘッドフォンで聴ける再生機の代表的な存在となりました。

TOTOの「ウォシュレット」も、それまで日本にあまりなかった温水洗浄機能付き便座が普及するきっかけになった商品です。売り出した当初の「お尻だって洗ってほしい」というCMを私は今でも覚えています。メーカーに関係なく温水洗浄機能付き便座の名称のように思われているところがあるのではないでしょうか。

最近のものではiRobotのロボット掃除機「ルンバ」もプロダクトアウトの商品です。

そして、なんといってもプロダクトアウト商品の代表はAppleの「iPhone」でしょうか。iPhoneが発表された際は、「ボタンがないの？」「どうやって電話をかけるの？」と衝撃的でした。初代iPhoneは飛ぶように売れましたが、それはAppleのブランド力があったからこそ売れたと言えるでしょう。名前も知られていない小さなメーカーが同じようなものを商品化して販売しても、見向きもされなかったかもしれません。

ブランド力がない小さな会社や個人がプロダクトアウトの商品を出しても、なかなか多くの方に知ってもらうことができず、売っていくのは厳しいことが多いのです。

プロダクトアウトの商品情報を広めていくのは難しい

「こんな画期的な商品を販売しようと思います。似たような商品を販売している人はいません。ドヤッ！」と意気込んでも、名前も知られていない会社や人がそれを販売するのは無理があります。数千人の熱心なメルマガの読者がいて、SNSで数万人のフォロワーがいて、口コミなどで商品の情報を広げていく自信があるなら、可能性はゼロではないかもしれません。

でも、あなたがもしプロダクトアウトで商品を開発しようとしているのなら、そもそもそれは本当に画期的な商品なのか、よく考えてみましょう。商品が売れない原因の１つに「ニーズがない」ことがあります。かつて似たような商品がつくられて販売されたことがあるけれども、ニーズがなくて撤退していたという可能性だってないわけではないのです。

売れているライバル商品が複数あれば、それはニーズがあるということ。別の会社や別の人が先に販売しているからとあきらめる必要はないのです。駅前には同じような業態のお店（例えばコンビニや美容院）が何軒もあり、それぞれ長く営業していませんか？　それは、その業態のお店にはニーズがあるから生き残れるということなのです。

◆マーケットインとプロダクトアウトのメリットとデメリット

	マーケットイン	プロダクトアウト
メリット	ニーズがあるので売れる可能性が高い 短期間でつくれる 開発費がかからない	自社の強みを活かせる 画期的な商品をつくれる 当たれば強力なブランディングになる 大ヒットする可能性がある
デメリット	他社と差別化が難しい 大ヒットはない 価格競争に巻き込まれる可能性がある	まったく売れない可能性がある ゼロからつくるので時間や開発費がかかる

「お客さまのために」という発想を忘れない

ビジネス初心者は、マーケットインから始めましょう。市場を見て、ニーズがあるものを商品化するのです。一見、お客さま目線がないように見えるプロダクトアウト商品も、実は「これがあったら便利になる」と考えられた商品なのです。

iPhoneであれば、携帯電話にインターネット機能を付けたガラケーから、小さなパソコンに通話機能を付けたスマートフォンに変化させ、外出先でもパソコンが使えるようにしています。

ウォークマンは出かけた先でも音楽を聴きたいニーズに応えました。ルンバなどのロボット掃除機も、主婦の「掃除機をかけるのが面倒」「もっと家事を時短できないかしら」というニーズを拾っています。

プロダクトアウトとはいえ、「お客さまのために」という発想がまったくなければ売れません。まだ誰もやっていない、つくっていないけれど、これがあったら便利になると考えられた商品です。商売はお客さま目線が必要なのです。

Step 4 Point!

ビジネス初心者は、
ニーズのある商品づくり＝マーケットインから！

Step 5

リピートのないサービスだけでは やっていけない

民間資格によくある「○○診断」を売っている人がいますが、これは商品にしてはいけません。理由は、診断したら終わりで、自分の診断結果がわかったらリピートされないものだからです。リピートがなければ、常に新規のお客さまを集めなければなりません。

「○○診断」は診断を受けたら終わり

仮に診断料が１万円だとします。診断料１万円というと高額なように見えますが、月30万円を売り上げるためには30人に買ってもらわなければなりません。30人を新規に集客するのも大変なことですが、月に30人を診断するのも大変だと思います。もし診断料が3,000円なら、月30万円売り上げるのに、毎月100人診断し続けなければなりません。考えただけで気が遠くなりますし、おそらく不可能ですよね。これが診断を商品にしてはいけない大きな理由です。

診断に限らずリピートがないものを商品にするときには、注意が必要です。

もっとも、診断の資格がまったく無意味ということではありません。性格診断やファッション診断を取り入れることで、お客さまの悩みを早く解決したり、理論的に解決することができます。

Step 5 Point!

診断自体は商品とするのではなく、
何かと組み合わせてお客さまの悩みを解決しましょう。

Step 6

商品価格は稼ぎたい月商から考えて決めよう

商品の価格は、同業者と同程度にしたり、「買ってもらえそうな額」にしたりする人がほとんどですが、それでは売上目標を達成できないかもしれません。

毎月、何人集客し、丁寧な対応ができますか？

売上は「商品価格×販売数」です。商品価格は月の売上目標から逆算します。売上目標を商品価格で割ると、必要な顧客数が出ますが、それは毎月集客できる数になっていますか？

月の目標額が30万円で、商品が１万円だとすると月30人です。30人が可能だと思うなら、次に対応可能かどうかを考えます。１日３～５人接客できるエステサロンなどでしたら月30人も可能かもしれません。ただし、接客の時間だけでなく、準備や片づけの時間も考慮しなければなりません。

１日１人しか接客できない仕事であれば、30人を接客するために30日間無休で働かなければなりません。もしも商品価格が5,000円だとしたら月60人必要になります。これはとうてい不可能だと予想できますよね。

◆商品価格は適切でしょうか？

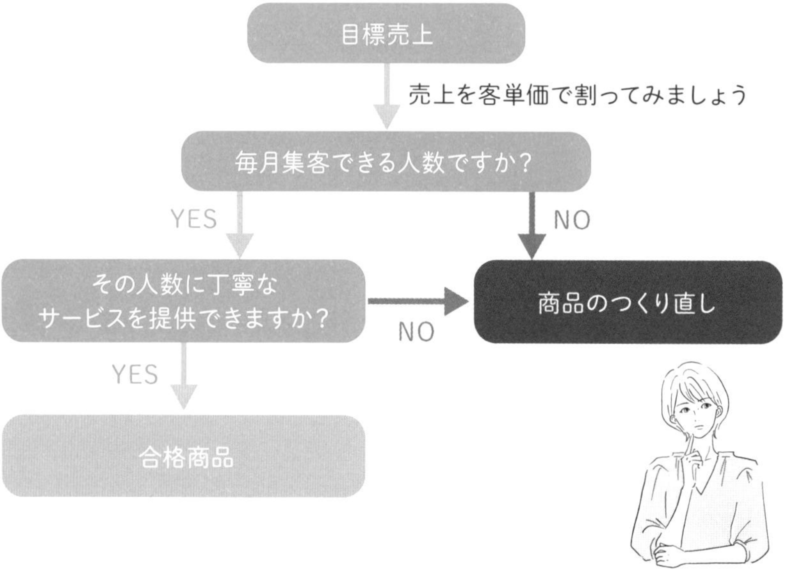

上のチャート図で、ご自身の計画が妥当かどうかチェックしてみましょう。チェックの結果、「商品のつくり直し」になった方は、最初からつくり直すことをおすすめします。ポイントは、売上目標を集客可能な人数で割ることです。

月30万円稼ぎたくて、集客可能で対応できる人数が月10名なら、3万円の商品が必要ということです。その場合は、3万円の価値がある商品につくり直せばいいのです。

Step 6 **Point!**

商品価格は「売上目標÷集客可能な人数」となっているか確認しましょう。

Step 7

フロントエンドとバックエンドはどちらも必要

Step6で、商品価格は売上目標を集客可能な人数で割った数により導き出すことを説明しました。そうなると、集客可能な人数によっては商品価格が高額になってしまうこともあると想像できます。

でも、提供する商品やサービスは必ずしも高額な商品ばかりではなく、むしろ採算度外視の商品やサービスも必要なのです。

フロントエンド、バックエンドとは？

商品構成の基本はフロントエンドとバックエンドです。

フロントエンドはお試し商品とも言えるものです。お客さまに採算度外視で提供し、あなたの商品やサービスを知ってもらうものとなります。このように説明すると、「フロントエンドが採算度外視の商品やサービスということは、バックエンドは利益が出るような高額の商品やサービス」だと思ってしまう人がいるのですが、必ずしもそうではありません。バックエンドは利益を出すための本命の商品ではありますが、お客さまのお悩みを解決できるものを指します。

フロントエンドとバックエンドの説明でよく用いられるのが、基礎化粧品です。無料お試しセットがフロントエンド、それを使ってもらった後、定価で定期的に購入してもらう商品がバックエンドです。レストランだったら、安価で提供するランチメニューがフロントエンド、利益が出るディナーがバックエンドです。ネイルサロンやヘアサロンの「初回限定クーポン」などもサロンを気に入ってもらって通い続けてもらうためのフロントエンドであるといえます。

先につくるべきはバックエンド商品

フロントエンド商品で集客をし、利益が出るバックエンド商品をお買い求めいただくのがセオリーです。もしも思ったように売上が伸びないとしたら、それはフロントエンドとバックエンドを意識した商品構成を持っていないからかもしれません。

ビジネスを学ばずに起業をした人やお店によくありがちなのが、3,000～5,000円程度の商品しか用意していないケースです。その商品構成で月に10万円の売上を達成するには、毎月新規顧客を20～34人集客し続けなくてはなりません。これは相当きついはずです。経費や自分の時給を考えたら、むしろ赤字になってしまうのではないでしょうか。

ここまで読めば、月10万円程度は稼げても、30万円、50万円と売上を伸ばすのが難しいことがわかることでしょう。これまで私がコンサルティングでかかわった方にも、フロントエンドとバックエンドという概念を知って、「なぜ毎月のように目標売上が達成できなかったのか、ようやく理解できました」という人がいました。

◆フロントエンドとバックエンド

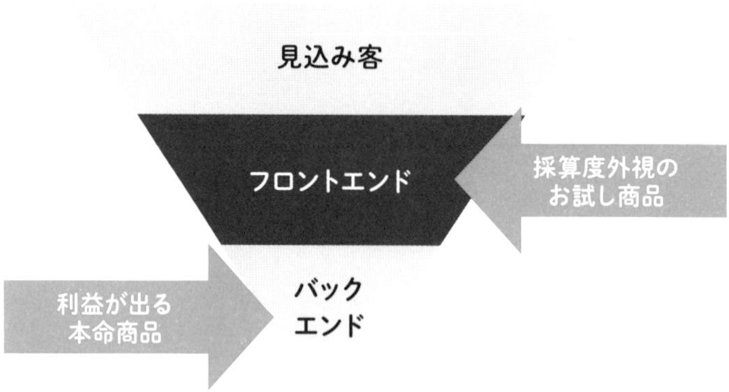

ビジネスは、利益が出るバックエンド商品がないと成り立ちません。先に利益が出るバックエンド商品をつくり、それを売るためにフロントエンド商品を提供し、ファーストコンタクトのお客さまや、検討中のお客さまにバックエンド商品を案内して購入いただくのです。

「なるほど、利益が出るバックエンド商品がないから、いつも目標の売上に達しないんだ」と気づいた方は、先に利益が出るバックエンド商品をつくり、それからフロントエンド商品をつくりましょう。

お客さまの立場になってみればわかると思うのですが、慣れた相手に申込みをするには不安や面倒さは感じないものの、初めての相手に申込みをするのは面倒に感じたり、お金を払ったりするのが不安だったりするものです。安価な商品やサービスで一度でも申込みをしたことがあれば、そのお店や人にお金を払うことへの心理的なハードルがぐんと下がるのです。

ところで、バックエンド商品の価格をホームページなどに掲示していないお店もあります。フロントエンドを買いに来てくれた人にだけバックエンドの価格をお知らせする方法を取っているのでしょうが、私はそのやり方はおすすめしません。安さに惹かれてフロントエンドを購入したお客さまは、高額なバックエンド商品の価格を知らされたらがっかりするからです。最初からバックエンド商品の価格まで表示していれば、バックエンドの価格をわかった上でフロントエンドを申し込むので、その後のバックエンド商品の注文まで話がスムーズに進むです。

Step 7 **Point!**

利益が出るバックエンド商品と、
採算度外視のフロントエンド商品の両方を用意しましょう。

Step 8

フロントエンドの商品を考えよう

ビジネスでは、まずバックエンド商品をつくり、それを販売するためにフロントエンド商品で集客します。フロントエンドは採算度外視でお客さまと最初に接触するためのもの。カウンセラーやコーチなどであればセミナーや体験セッション、お教室業ならお試しレッスン、サロン業なら初めての方限定メニューやお試し価格でのサービス提供になります。

思い切った価格設定、場合によっては無料もあり

フロントエンド商品は、利益を出そうと考えず、思い切った価格をつけてください。まだお客さまがいないなら、無料で提供してもいいくらいです。私も当初は定員を設けて毎月無料コンサルティングを行っていました。無料で提供する代わりにそのお客さまからは私のコンサルを受けた感想をいただき、その感想をブログに載せることで、ブログを見た人が翌月の募集を楽しみに待つという状況をつくることができました。

フロントエンド商品の「思い切った価格」とは、いくらくらいが妥当なのでしょうか。一例ですが、通常２万円のものだったら、18,000円程度に値引きしたとしてもお試しにしては高く感じませんか。思い切って8,000円程度にするとお得感が出ます。ペルソナの立場になって考え、「この価格なら試してみたい」と思われる価格に設定してください。

Step 8 **Point!**

お試し価格や体験商品は、
採算度外視で思い切った価格に設定しましょう。

Step 9

付加価値があれば、利益が出る値段にできる

単価が安い商品ばかりを扱っている方の中には「10万円や20万円の高額な商品なんてつくれない」と思い込んでいる人がいます。これまで安い商品しか扱ってこなかったので、ついそう思ってしまうようです。そのような思い込みをしないために、そのような思い込みがあるならそれをなくすために、ぜひ付加価値について知っておいてほしいのです。

なぜなら、あなたが提供する商品やサービスに付加価値があれば、利益が出る値段にまで商品代金を上げられるからです。

付加価値とは、次のようなものです。

＊空間	＊プレゼント付き
＊個別対応	＊唯一無二
＊見た目	など

１つずつ説明していきましょう。

【付加価値1】空間

外出先でコーヒーを買うとき、あなたはどこで購入しますか。コンビニやファーストフード店なら、１杯100円程度で買えますね。街の喫茶店で注文するならお店にもよりますが500円程度から。ホテルのラウンジでコーヒーを頼んだら1,000円以上は払うことになります。

同じコーヒー１杯なのに、その値段は10倍以上の差があるのですが、

ホテルのラウンジでコーヒーを注文して、「コンビニでは100円くらいなのだから、その金額しか払わないよ」などと言う人はいませんよね。
この場合、「ホテルのラウンジ」という空間が付加価値になっているのです。

【付加価値2】個別対応の価値

マンツーマンの価値です。個別対応すると高くなるのは皆さんご存じのとおりです。個別対応しなければならない商品があると強いです。

私のクライアントにペン字教室の先生がいるのですが、小学校のお受験の願書はプライベートレッスンとなっています。グループレッスンではプライバシーが保てないからです。彼女が「お子さんに小学校のお受験をさせる人にとって、プライベートレッスンのレッスン料なんて高くない」と言っていましたが、本当にそのとおりだと思います。
コンサルティングやカウンセラーなどの仕事は、自分の時間の切り売りとなります。グループでやれば効率がよいのですが、プライバシーの面からマンツーマンを希望する方も多く、個別で対応する場合はやはり単価が高く設定されることがほとんどです。

【付加価値3】見た目

成分はほぼ同じ化粧水でも、入っているボトルが簡素なものと豪華なものでは単価が変わってきます。10倍の価格差があったとしても美しいボトルの方が美しくなれる気がしてしまうのです。おそらくプラスチック製の色気ないボトルと美しいガラスのボトルに10倍の価格差はないでしょう。中身は同じでもパッケージを変えるだけで単価を上げられます。
女性起業家は自分自身も商品の一部のようなもの。あなたが素敵な女性になることも付加価値となるのですよ。

【付加価値4】プレゼント

プレゼントをつけることで単価を高くする方法です。「PDFプレゼント」「動画プレゼント」などよく見かけますよね。

スーパーやコンビニに買い物に行って、ちょっとしたおまけが付いていると、普段買わないお茶を買ってしまったりしませんか？　プレゼントにはお得感があるからです。

【付加価値5】唯一無二の価値

他のお店では買えない唯一の価値です。とても難しそうに感じますよね。ところがそうでもないのです。

自分だけにしかつくれない商品を生み出すのはアーティストでなければ難しいでしょうが、「あなたからしか買えない価値」を唯一無二と考えてみたらどうですか？

あなたと同じ人間は世界中探してもいませんよね。お客さまに「あなたから買いたい」と言ってもらえる存在になればいいのです。

どうしてもあなたから買いたいという人は、あなたから買うことに価値を感じてくれます。

Step.9 Point!

高くても「買いたい」と思ってもらえるような付加価値をつけましょう。

Step 10

バックエンド商品のつくり方

それでは、ここまで書いてきたことを基に、利益になるバックエンド商品をつくっていきましょう。

フロントエンド商品は採算度外視で提供するものですから、バックエンドを販売しないとお金になりません。バックエンド商品の価格は、Step6で書いたように、目標の売上金額から値段を決めていきます。

目標の売上金額が30万円で、月に３名しか対応できないのであれば10万円の商品をつくらなければなりません。今、10万円の商品がなくてもこれからつくればいいのです。

バックエンドのつくり方は３段階に分かれます。

【１】USPが際立つマーケットインの商品にする
【２】ペルソナの問題を解決できる方法を考える
【３】利益が出る価格設定にする

これまでのステップを振り返りながら、この順番でつくります。

【１】USPが際立つマーケットインの商品にする

お客さまが求めている商品でなければ売れませんし、あなたのUSPが際立っていないと多くのライバルの中から選ばれません。

お客さまのお悩みや願望、世の中の流れや同業他社も見てください。

あなたの得意なこと、人に伝授できること、そして、苦でなくできること。この３つの合わさった部分を探します。「〜なら○○さん」と言われるものです。

「自分のスキルで誰かのお役に立てること」なので、必ずしも自分が好きなこと、やりたいことと一致するとは限りません。

◆得意なこと、伝授できること、苦なくできることを探そう

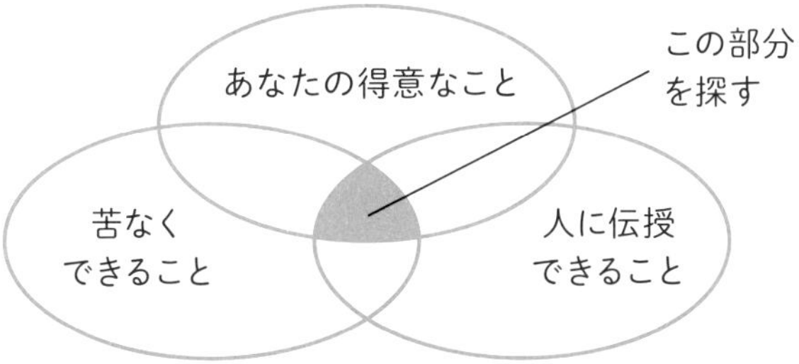

【２】ペルソナの問題を解決できる方法を考える

バックエンドとはお客さまが抱えている問題を解決できる商品です。お客さまの問題解決にはどのような工程が必要でしょうか。問題が解決するまでに必要なことをすべて書き出してみましょう。書き出してみることで、かかる時間や回数などが予測できるはずです。そして、ペルソナが解決したいと思っていることを深く掘り下げてみましょう。

例えば、女性のお客さまは、技術の上達のために習い事をするとは限りません。私自身のエピソードを１つ紹介しましょう。

私は子育てに専念するために専業主婦になり、下の子が２歳のときにお料理教室に通い始めました。お料理なら「家族のために」という名目があるので、夫が子どもを見てくれる日に大手を振って習いに通うことができました。素敵なお宅で開催され、素敵な先生に指導していただき、おしゃれなお料理やお菓子を作るのが楽しくて仕方なく、何年も通いました。もし、本気でお料理の技術を教えてくれるレクチャー中心の教室だったら、こんなに長く通い続けることはなかったと思います。

後で気づいたのですが、そのときの私はとにかく子どもと離れる時間が欲しかったのです。私が潜在意識の中で欲しかったのは「料理が上達すること」ではなく、「１人で出かける時間」や「特別感のある空間や料理」だったのでお料理教室に行くことがストレス解消になっていたのですね。

このように、お客さまの潜在意識を読み取ることはとても大切です。そして、**お客さまの潜在意識とミスマッチが起きないように商品設計をしましょう。バックエンド商品は、「不」を抱えているお客さまの本当のお悩みを解決できた状態にしてあげられる技術やサービスであるべきなのです。**

【3】利益が出る価格設定にする

バックエンド商品の価格は利益が出るように設定します。価格の決め方は以下の順番となります。

① 問題解決にかかる回数や期間を考える
② ひと月に稼ぎたい売上から逆算する
③ 労力に見合った価格に調整する

① 問題解決にかかる回数や期間を考える

ペルソナの問題を解決できる期間を想定する作業です。バックエンド商品は、お客さまの抱えているお悩みや困りごとを解決する商品にしなくてはなりません。

お客さまが問題を解決できた状態になるのにかかる期間はどれくらい

かを考えてみましょう。回数だったら何回程度必要でしょうか？　また、時間は何時間必要でしょうか？　お客さまと接する時間だけでなく、資料作成などの事前準備や、終わった後の雑務にかかる時間も加えて計算しましょう。

◆**お客さまのお悩みを解決するには何をどれくらいすればいい？**

問題解決への道のり

- ✓○○○○すること
- ✓～～～～すること
- ✓××××すること
- ✓△△△△すること

↓

何回のカウンセリング・施術・面談が必要？
何時間くらいかかりそう？

事前準備、終わった後の資料作成などにかかる時間なども計算しましょう。

② ひと月に稼ぎたい売上から逆算する

バックエンド商品の価格は、月に売り上げたい金額から逆算して決めます。１か月60万円売り上げたいとしましょう。バックエンド商品が10万円なら毎月６人に販売する必要があります。20万円なら毎月３人、30万円なら２人ですね。10万円の商品の場合、６人のクライアントに丁寧なサービスが提供できる仕事量でしょうか。６人がきついようであれば、最大何人にしたら満足してもらえる仕事を提供できるのかを考え、値段を変えていきます。

③ 労力に見合った価格に調整する

お客さまの問題が解決して、かつ労働力と見合う金額に調整します。その商品・サービス内容は、お客さまのお悩みが解決する期間（回数）に十分な内容になっているか、価格は、経費を引いた上で、労働力と見合う金額を反映しているか、確認をしましょう。

◆売り上げたい金額と丁寧にサービスができる仕事量のバランスは？

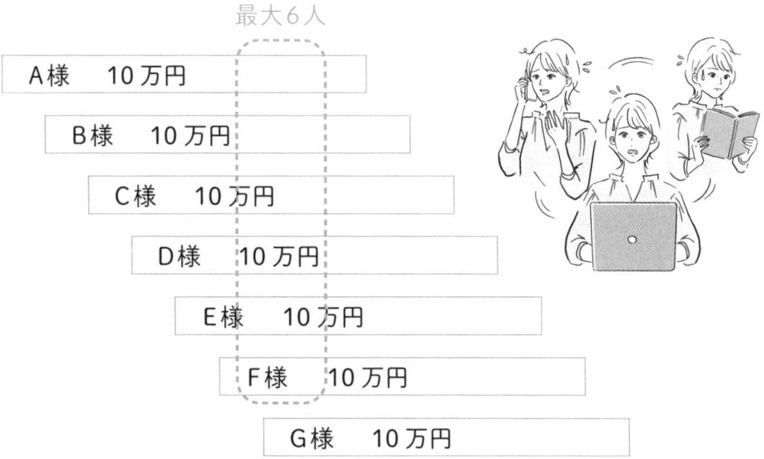

丁寧なサービスができる人数は？

◆お客さまのお悩みを解決できる内容で、労働力に見合った金額に

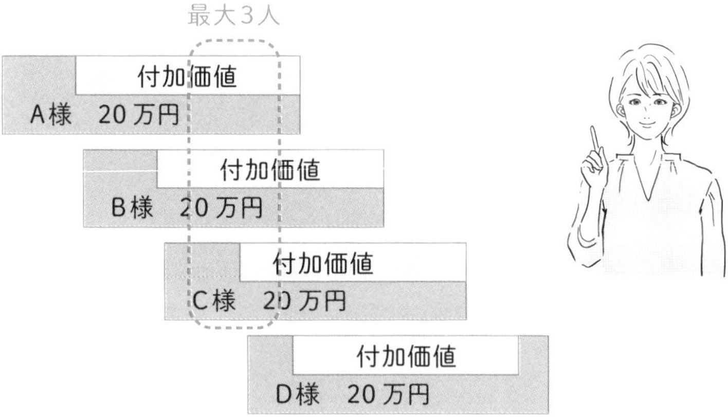

満足してもらえる付加価値をつける

質問無制限、毎日のアドバイス、演習教材つき、限定グループに招待、アフターフォローつきなど

単価が１時間5,000円のサービスだとすると、30万円のバックエンド商品にするならサービス時間は計60時間となります。これが40時間もあれば足りるなら、価格は20万円になりますが、これに付加価値を付けて30万円で売ることもできます。また、単価が１回３万円のサービスなら10回で30万円となりますが、「お客さまの問題解決に15回はかかります」ということなら、ここでも付加価値をつけて、値段を上げる工夫が必要です。

忘れがちなのが「お客さまからは見えない労働」です。１時間5,000円でも、お客さまと会う前に資料の準備に数時間かかるとか、終わった後にお渡しする資料づくりに数時間かかる、など。その時間も計算してください。個人事業はパートと違い、時給計算ではありません。労働に見合っていないようであれば、Step9でお伝えをした付加価値を付けて、値段を調整していきましょう。

期間中は質問無制限、といったサービスもいいでしょう。頻繁に質問がくるかもしれません。単発商品では得られない付加価値として売りになります。私も継続コンサルティングコースは、質問は無制限です。様々な事前ワークやステップメールの添削、ホームページの原案作成の添削もしています。結構、時間がかかりますが、単発セッションにはない付加価値となっています。

お客さまの問題が解決でき、かつ自分の労働と見合う、きちんと利益が出る金額に調整できたら、バックエンド商品の出来上がりです。

Step 10 Point!

利益が出て労力に見合った
バックエンド商品をつくりましょう。

やってみよう!

Let's try!

商品設計がパーフェクトに完成するワーク

ペルソナの問題解決方法は？

①ペルソナが問題を解決するためには何をする必要がありますか。

②❶で書いた内容が達成できたら、ペルソナはどうなれますか。

価格設定について

③ペルソナの問題解決のためにサポートする場合の面談の回数と、かかる時間はどれくらいですか。

④事前準備や終わった後の資料作成、アフターフォローは必要ですか。

⑤❶❸❹から考えると、商品価格はいくらになりますか。

⑥「１か月の目標売上÷商品価格＝毎月集客しなければならない人数」です。毎月何人に商品を購入してもらう必要がありますか。

⑦付加価値をつけて商品価格を上げるとしたら、何が考えられますか。

商品・サービスについて

⑧商品名を見ただけでペルソナが「私に必要かも、私もこうなりたい」と思うような商品・サービス名を考えてみましょう。

⑨提供する内容や価格をまとめましょう。

⑩想定される質問があればＱ＆Ａで書き出しておきましょう。

こちらのQRコードから
ワークシートをダウンロードできます。
（パスワードは本書10ページに掲載）

— *Work* —

Chapter 4

Webマーケティングの基本とSNSの使い方

あなたの情報を
未来のお客さまに届けよう

Step 1

Webマーケティングの基礎「ファネル」とは？

ファネルとは元々は「漏《ろう》斗《と》」という意味ですが、マーケティングにおけるファネルとは、顧客の「認知」「興味・関心」「比較・検討」「購入」といった行動を図で示したものになります。

どこで知ってもらい、どこに誘導し、どこで売り込むか

SNS、ホームページ、メルマガ、LINEなど、点でバラバラに見ている人が多いようですが、面でとらえましょう。ブログ集客やSNS集客の時代といわれていますが、１つの施策だけでは十分とはいえません。導線をつくって上手に活用し、濃い見込み客を集めていきます。

お客さまにどこで知ってもらい、どこに誘導して、どこで売り込むのか、マーケティングファネルの図を使って、考えてみましょう。

◆マーケティングファネルとは

見つけてもらう	認知	SNS・SEO対策 リスティング広告
関係性を築く 教育・ファン化	興味・関心	HP・ブログ・YouTube・ メルマガ・公式LINE
顧客側からアプローチできる 場を提供・お試し	比較・検討	フロントエンド （セミナー・体験会・相談会）
商品を販売	購入	バックエンド （本命商品・リピート）

ファネルの下に行けば行くほど、濃い見込み客になるとわかりますよね。ファネルの段階によって、お客さまに接触するときに使うコンテンツが異なります。例えば、「認知」の段階のお客さまに、いきなり売り込んでも嫌がられるので、SNSやSEO対策コンテンツでまずは「見つけてもらう」のです。

プッシュ型メディアへの登録を促そう

その後、「見つけてもらう」ためのコンテンツから、比較・検討するためのコンテンツに誘導します。比較・検討をするコンテンツはホームページやECサイトになります。

価格はいくらなのだろう、買ったらどうなれるのだろうと比較・検討をする場所です。あなたもSNSや広告で見かけて興味を持ったらホームページやECサイトで確認をしますよね。

その場で購入に至ればいいのですが、その場で決意が固まらず去ってしまうお客さまもいます。去ろうとしているお客さまを引き留めるために、いわゆるプッシュ型メディアであるメルマガやLINE公式アカウントにご登録いただきましょう。ご登録いただければ、キャンペーンやプレゼントなどの情報を、こちらのタイミングでお客さまの元へ届けることができます。

「SNSだけ」「ホームページだけ」では足りない

流れていってしまうフロー型のメディアと、蓄積されるストック型のメディアも意識しましょう。

お客さまが最初に接触するコンテンツの多くはTwitterやFacebook、InstagramなどのSNSでしょう。これらは流れていってしまうフロー型のメディアです。ウェブサイト（ホームページやブログなど）は情報を見やすく蓄積しておけるストック型のメディアです。

フロー型メディア→ストック型メディア→プッシュ型メディアと徐々に濃い見込み客に向けて発信していくのがWebマーケティングのファネルとなります。

◆ **SNS・ブログ・メルマガ（公式LINE）・ホームページの違い**

SNS	ブログ	ホームページ	メルマガ（公式LINE）
・流れて来るもの ・読みに行くもの ・流れて行くもの ・交流できる	・読みに行くもの ・蓄積されるもの	・会社の顔 ・事業すべてがわかる場所 ・情報を整理整頓して置いておくもの	・直接届く ・濃いファンを集められる ・ファン化、教育
フロー型メディア	ストック型メディア※		
プル型メディア			プッシュ型メディア

※最近はブログ更新型ホームページが増えている

現在、どんなメディアを使っていますか？　SNSだけ、ビジネスのホームページだけでは、今の時代は難しいと思います。フロー型メディアは少なくとも３つ程度は必要ですし、ストック型、プッシュ型のメディアも１つは持っていたいところです。

Step 1 **Point!**

SNS、ブログ、メルマガなどの役割を理解し、
お客さまと接触するコンテンツを連携させましょう。

Step 2

「見かけてもらう」のがSNS、「見つけてもらう」のがSEO

ご存じかと思いますが、SNSはSocial Networking Serviceの略で、Web上で会員同士が交流する会員制のサービスと言ってよいでしょう。ユーザー同士がフォロー、フォロワーという関係でつながり、コメントや「いいね」で交流します。

交流を楽しむ場なので、SNSを販売の場として使おうとしても、買ってもらえないばかりかフォローさえしてもらえません。

SNSはあなたを知らなかった人に興味を持ってもらう場所

78ページのマーケティングファネルの図で説明すると、「最初に接触するコンテンツ」がSNSで、認知してもらう、興味を持ってもらう場所です。拡散力があるSNSを使えば、見ず知らずの人にあなたの情報が届き、未来のお客さまに見かけてもらうことができます。

SEOはあなたを知らなかった人に検索してもらうための策

SEOとはSearch Engine Optimizationの略で、検索エンジン最適化のことです。

検索をする人は何か情報を能動的に探しています。あなたの未来のお客さまも、何かに困って解決策を探しています。検索結果にあなたのウェブサイトが上位表示されるようになれば、見ず知らずの人に見つけてもらうことができます。

そのために行うのがSEOです。SEOは難しくて特別なスキルがある人にしかできないと思われているようですが、そんなことはありません。

◆ SNSとSEO

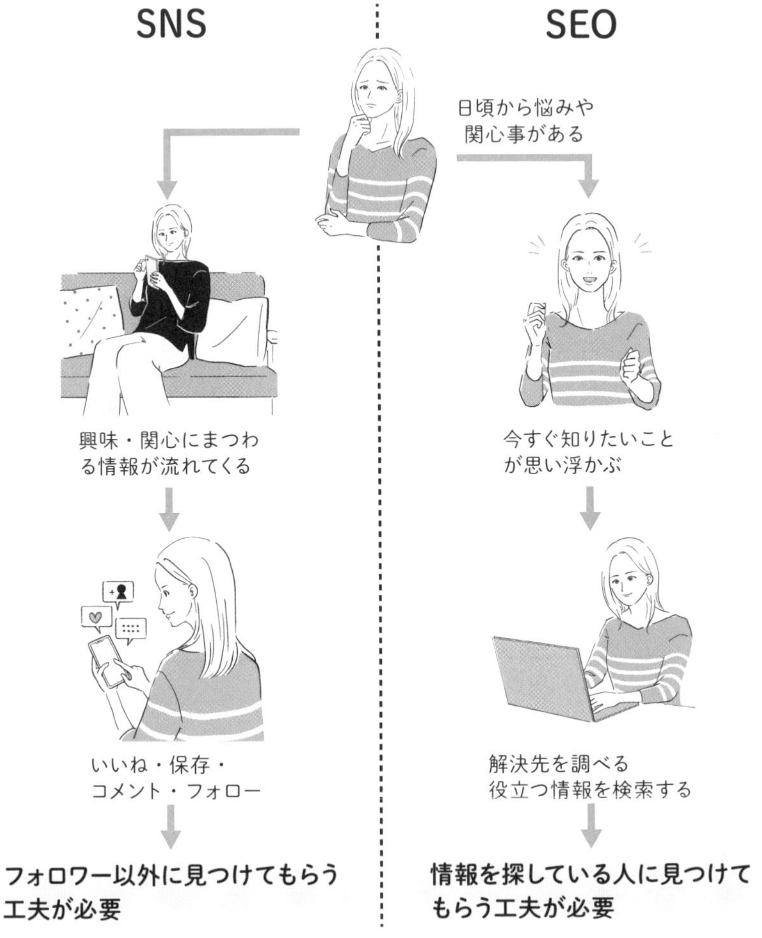

Step 2 **Point!**

SNSであなたに興味を持ってもらい、
SEOであなたを見つけてもらいましょう。

Step 3

あなたの仕事に合ったSNSを使いこなそう

どのSNSを選んで運用していくか

SNSには、画像主体のInstagram、動画主体のYouTube、文章主体のブログやTwitter、それらを組み合わせたものがあります。「みんなが使っているから」とか「友人に薦められたから」などという理由で選ぶのは危険です。SNSを運用する目的としては、「認知度を拡大するため」「既存のお客さまとのつながりを継続するため」「自社サイトに誘導するため」「顧客の理解を深めるため」など様々なことが考えられます。まずは目的を決め、次にターゲットを決め、ターゲットがどのSNSを使っているかを参考に決めましょう。また、仕事とのマッチングも無視できません。Instagramのように画像がなくては投稿できないものは目に見える商品がない場合は使い勝手が悪いかもしれません。画像より動画が伝わりやすい場合は動画主体のSNSを検討することになるでしょう。

三大SNSであるTwitter、Facebook、Instagramの特徴

三大SNSは、Twitter、Facebook、Instagramです。

◆三大 SNS のアクティブユーザー数

(2022 年 12 月時点)

	世界のMAU数※	日本国内のMAU数※	利用者数が多い世代
Instagram	10億以上	3300万(2019年3月時点)	20代、30代
Twitter	3億3300万	4500万(2018年10月時点)	20代、30代
Facebook	29億6000万	2600万(2019年7月時点)	40代、30代

※月あたりのアクティブユーザー数(Monthly Active Usersの省略)
出典:MAU数は各社の公式発表、総務省情報通信政策研究所「令和3年度情報通信メディアの利用時間と情報行動に関する調査報告書」

月間アクティブユーザー数を見ると、Instagramでは20代、30代が多く、Twitterは20代が一番多く、次は30代、Facebookでは40代が一番多く、次に多いのが30代とわかります。

◆三大SNSの特徴

Instagram	画像メインのSNSであることから、目に見える商品を扱うビジネス向きプロアカウントなら投稿やストーリーのアクセス分析ができる（インサイト機能）
Twitter	拡散力が大きい テキスト、画像、動画のどのコンテンツも使用でき、それらを組み合わせることもできる
Facebook	実名登録であることから趣味・嗜好がわかり、ターゲットに届きやすい 企業ページからの広告が効果的

画像メインのInstagram

画像がメインのSNSであるInstagramは、ビジュアルに訴えることができるので、目に見える商品を扱う場合に適しています。ビジネスアカウントに切り替えることでインサイト（投稿へのアクセス数や反応などを分析する機能）も見られますし、広告も出すことができます。

また、Instagramはハッシュタグから探されることの多いSNSです。ハッシュタグとは先頭に「#」が付いたキーワードで、そのキーワードに興味があるユーザーに見つけてもらうためのものです。ハッシュタグはリンクとなり、グループ化されます。ですから、ハッシュタグの付け方がInstagram活用の肝となります。

リールを使うとフォロワー以外の人に見てもらえる確率が高くなります。リールとは、ショート動画を作成・投稿・閲覧・共有できる機能のことで、これを活用してビジュアルに訴えていくのもいいですね。

Instagramで注意したいのは、キャプション（説明文）にURLを入れてもリンクにはならない点です。キャプションからリンクできるのはハッシュタグとメンション（@アカウント名）のみで、Instagramの投稿からURLのリンク先に飛べるのはプロフィールの１か所のみです。個別の投稿からリンク先を見てもらいたいときは、キャプションに自分のメンションを入れ、プロフィールに誘導をし、プロフィールのリンクからサイトを見てもらいましょう。

拡散力の大きいTwitter

Twitterはオールラウンドプレイヤーとでもいいましょうか。テキストだけ、画像だけ、動画だけの投稿もできますし、画像＋テキスト、動画＋テキストの投稿もできます。拡散力があるので、広く認知してほしいならTwitterが最適でしょう。

ただ、Twitterは非常に流れが速いSNSです。１日１回投稿した程度ではいないも同然になってしまうので、１日３～５回投稿することをおすすめします。Twitterの無料版は全角文字で140文字までしか書けないので５回投稿しても700文字です。一気に５回投稿するのではなく、１日の中で時間帯を変えて５回投稿することで、広く認知してもらうことにつながります。人間は接触頻度が高い人に好感を持つところがあるので、Twitterでは接触頻度を優先してください。まずは１日５回投稿すること、それに慣れたら投稿のクオリティを高めていきましょう。

実名登録が原則のFacebook

Facebookは実名登録が原則です。ユーザーの趣味や嗜好がわかりやすく、狙いたいターゲットに到達しやすいという特徴があります。個人アカウントの拡散力はそれほど大きくはありませんが、Facebookページ（企業ページ）をつくってターゲットに広告を出すと効果的です。

三大SNS以外で活用を検討したいSNS

三大SNS以外で使っておくといいSNSは、画像主体としたものとしてPinterest、動画主体のものとしてYouTube、TikTok、SNS機能のあるブログとしてアメブロ（Amebaブログ）、note、ビジネスに特化したLinkedInがあります。順に説明します。

◆三大SNS以外のSNS等の特徴

Pinterest	画像にピンするだけ 半年間流れるので投稿数が少なくてすむ
YouTube	チャンネル登録者以外にも、検索される チャンネル登録者以外にもおすすめ表示される
TikTok	フォロワー以外にも見てもらいやすい
アメブロ （Amebaブログ）	フォロー、コメント、「いいね」といったSNSとしての機能がある すぐにアクセスが見込める
note	テキスト、画像、つぶやき、音声、動画が利用可能 閲覧履歴からのおすすめに、出会いあり
LinkedIn	ビジネスに特化 拡散力あり

画像を保存・シェアするPinterest

Pinterestは自分で撮影・作成した画像や動画を投稿して見てもらうこともできますが、インターネット上で見つけたの画像や他のユーザーが投稿した画像を自分のアカウントに保存し、興味のあるテーマや画像を集めたり、共有する使い方ができます。画像にピンをして、自分のメディアに誘導するだけで流入が期待できます。投稿は半年程度Pinterest内を浮遊してくれるので、頻繁に投稿する必要もありません。

フォロー、フォロワーがありますが、フォロワー数が0でも投稿した画像・動画を見てもらえるのは大きなメリットです。

動画を見てもらうSNS、YouTubeとTikTok

YouTubeもSNSの1つです。チャンネル登録者以外にもWeb検索によって見つけてもらえる可能性がありますし、ジャンルが同じYouTubeの動画を見ているユーザーにおすすめ動画として表示されることで見つけてもらえることがあります。

TikTokは若い方向けのSNSというイメージがありますが、フォロワー以外にも閲覧してもらえる仕組みがあるので、上手に活用してファンを増やしている企業もあります。

SNS機能のあるブログ、noteとアメブロ

ブログとSNSは別のものではあるものの、フォローや「いいね」、コメント機能といったSNS機能があり、書き始めた日からアクセスが見込めるのがアメブロ（Amebaブログ）とnoteです。

私はnoteをブログのような使い方で活用していますが、テキスト、画像、つぶやき、音声、動画と様々な投稿ができます。noteはアメブロよりシンプルで現代的です。ユーザーをクリエイターと呼んでいることもあり、クリエイティブな投稿が多く、使っている人の文章力も高いことが多いです。閲覧履歴からおすすめされて、思わぬ出会いもあります。

SNSはユーザーの交流の場であり、閉鎖的な空間なので、アカウントがなければ見ることができないものが多いのですが、ブログはアカウントがなくても閲覧できるもの。アカウントを持っていなくても見ることができるウェブサイトと、フォロー・フォロワーのつながりがあるSNSのいいところ取りをしているのが、アメブロとnoteなのです。

ビジネスに特化し、拡散力のあるLinkedIn

LinkedInは日本ではそれほどユーザー数が多くはありませんが、実名で顔を出しての登録を原則とした信頼できるSNSとして、ビジネスに特化して利用されています。拡散力もあるので、企業向けの仕事をしていきたい人は手がけておいた方がいいでしょう。タグ付けやコメントによる交流が盛んという点でFacebookとの類似性も見られます。

新機能や流行り廃りに気をつけながら活用していこう

どのSNSもアップデートが頻繁に行われていますし、次々と新しい機能を追加してきています。

新しく追加された機能をよく見てみると、そのSNSがどこに向かっているのかが見えてきたりします。なんとなく使い続けるのではなく、機能の変化にも目を向け、新しい機能ができたときにはその機能がなぜできたのか考える習慣をつけてください。

また、Instagram、Twitter、Facebookと、SNSもサブスクリプション契約を打ち出してきています。有料版に変更するとどんなことが有利になるのかを見極めて、無料版のまま使い続けるのか有料版に切り替えるのかを検討するようにしましょう。

また、SNSの種類自体にも流行り廃りがあります。繰り返しになりますが、１つのSNSだけを使っていくと時代遅れになってしまうことがあるかもしれないので、必ず複数のSNSを活用していくようにしましょう。

Step 3 **Point!**

SNSごとの特徴を見極め、
自分の仕事に合ったものを活用しましょう。

Step 4

見つけてもらうInstagramの使い方

ここからは、三大SNSであなたのSNSの投稿をたくさんの方に見てもらうための工夫をお話ししましょう。まずはInstagramについてです。

トップ投稿に載れば見つけてもらえる可能性が高くなる

Instagramのアプリでトップ投稿を見たことがありますか。トップ投稿がわからないという方は、アプリを開き、ハッシュタグ（先頭に#マークの付いた言葉）をタップしてみてください。そのハッシュタグを使っている投稿で人気がある投稿が見られる「人気投稿」があります。フィルターで「トップ投稿」と「最近のトップ投稿」を切り替えられるようになっています。トップ投稿に載ればしばらく上の方にいられるので、多くの人に見つけてもらう機会につながるのです。

Instagramはハッシュタグで探されることの多いSNSです。トップ投稿に載れそうなハッシュタグを使って投稿しましょう。

ハッシュタグで未来のお客さまに見つけてもらう

少しInstagramを使っていると、ハッシュタグには投稿数が多いものと少ないものがあることに気づきます。当然ながら、投稿数が少ないハッシュタグならトップ投稿に載る可能性が高くなりますし、投稿数が多いハッシュタグではトップ投稿に載る可能性は低くなります。例えば、「#猫」は4,854万件というビッグハッシュタグです。「#ねこ」とひらがなにすると3,733万件になります。「#猫+#🐱」にすると2.2万件にまで減り、「#猫+#🐱+#🐾」にすると1,000件程度まで減ります。

トップ投稿に載る目安は、自分のフォロワー数に0を2つ付けた数が目安と言われています。フォロワーが100人なら投稿数1万件のハッシュタグ、フォロワーが5,000人なら50万件投稿されているハッシュタグでトップ投稿に載る可能性があるということです。また、確実にトップ投稿に載るというものではなく、アカウントの信頼性に左右されます。こうしたことを踏まえて、自分のレベルにあったハッシュタグを付けることが大事なのです。

ただし、Instagramではフォロワーの数より「いいね」の数、それよりも滞在時間やコメント数、保存の数で表示される順番が決まると言われています。(この表示の順を決める仕組みをアルゴリズムと言います。)

私のクライアントの成功例をご紹介します。彼女は、未来のお客さまが探しそうなハッシュタグで、かつ自分のレベルに合ったハッシュタグを付けました。フォロワーは1,000人程度だったのですが、ある投稿でインプレッション（ユーザーの画面に表示された回数）が13,000を超え、リーチ（投稿を見た人の数）も11,000を超え、保存が170件、その投稿だけで20人近いフォロワーが増えました。13,000超えのインプレッションのうち、11,000以上がハッシュタグからの流入です。ハッシュタグの意味は段々と薄れてきているなどと言う人もいるのですが、この方の場合、2023年になってからも30,000〜50,000のインプレッションとなる投稿もあり、フォロワーの数も確実に増えています。ハッシュタグの工夫はまだまだ有効な手段だと思われます。

リールを投稿して見つけてもらう

Instagramではリールと言われるショート動画も人気です。リールはアプリの上部にもボタンで表示されます。フィードでは、ユーザーの行動から興味がありそうなリールを表示してくれるので、ここに表示されればフォロワー以外の人に見てもらえる可能性が高くなります。

リールをいくつか投稿してみると、反応がよいものとそうでもないものとで差があることがわかります。Instagramではリールならなんでも紹介してもらえるわけではないようです。リールに出てくる動画、音楽（効果音）などを比較して、どんなリールならフォロワー以外の人にも見てもらえるのか研究してみましょう。

お金を出してフォロワーを買う？

フォロワーが多ければそれだけ多くの人に見つけてもらえると考えるかもしれませんが、フォロワーをお金で増やすのはおすすめしません。インターネットで検索すると、InstagramやTwitterなどのフォロワーを販売している業者のサイトが見つかります。こうした業者に依頼してフォロワーを買っても、フォロワー本人の知らない間にあなたのアカウントをフォローしていたり、外国のユーザーであったり、全然使われていないアカウントであるという可能性があります。投稿を見ないフォロワーが増えても意味がありませんし、利用規約違反でアカウント削除の可能性もあります。投稿の内容とハッシュタグを工夫することでフォロワーを地道に増やしていきましょう。

Step 4 **Point!**

Instagramではハッシュタグとリールで
未来のお客さまに見つけてもらいましょう。

Step 5

見つけてもらうTwitterの使い方

Instagramはハッシュタグが大事だとお話ししましたが、実はハッシュタグの文化はTwitterから広まったといえます。Twitterではハッシュタグに加え、今起きていることを話題にして人とつながります。

記念日や季節の話題、スポーツやエンターテイメントなど、話題のハッシュタグを付けたツイートを投稿し、これまで認知されていなかったユーザーにあなたのことを知ってもらうようにしましょう。

旬の話題、トピックを通してあなたを知ってもらおう

Twitterでは、アカウントをフォローするのと同じように、興味関心があるトピックをフォローできます。トピックをフォローするとホーム画面に流れるので、フォロワー以外の人にも見てもらえます。

私は、仕事用とプライベート用の２つのアカウントを使い分けています。仕事用のアカウントでは「マーケティング」「起業」「SNS」などのトピックに取り上げられるような投稿をし、個人的に関心のある「猫」「ネイル」などのトピックをフォローしています。そして、プライベート用のアカウントでは、「猫」や「ネイル」などのトピックで取り上げられるような投稿をし、「マーケティング」「起業」「SNS」など、自分の仕事向きのトピックをフォローしています。自分の投稿がトピックに「乗っている」かどうかを確認するためにわざとこのようにしているのです。

仕事用アカウントのトピックに、自分のプライベートアカウントでの投稿が流れてきたりすると、ガッツポーズです。Twitterはアルゴリズ

ムの精度がかなり高いので、ツイートに「ブランディング」と入れると類似の「マーケティング」のトピックでも流れてくれますし、「YouTube」と入れると「SNS」のトピックでも流れてくれます。

とはいえ、トピックであなたの投稿が流れたからといってフォロワーがどんどん増えていくとは限りません。フォロワーを増やすためには、フォローしたくなるような個性も必要です。

例を挙げると、私がフォローしている「双子座」のトピックでは、双子座についての占星術のツイートが流れてくるのですが、個性が光るアカウントは何万人ものフォロワーを獲得する一方で、「今日の星座別運勢」といったよくありがちなツイートはフォロワー数が少ない傾向にあるようです。

Twitterのトピックはどんどん増えています。あなたの未来のお客さまがフォローしていそうなトピックを特定して、そのトピックにあなたのツイートが流れるような文章をツイートしてください。

「いいね」によってどんどん拡散されていく

Twitterの魅力は、なんといってもズバ抜けた拡散力にあります。認知を広げたいならどんどん投稿した方がいいのですが、炎上が怖くて投稿できないという声もよく聞きます。私がTwitterをおすすめしたのに怖くてなかなか始められず、しばらく後に使ってみて、Twitterの拡散力を実感した方がいます。

Twitterを始めるときは、当然フォローもフォロワーも0です。この方もまずは知り合いをフォローすることから始めました。Twitterのタイムラインにはフォローしている人が返信したツイートや、フォローしている人がフォローしている人のツイートが現われることもありますし、一番流れてくるのは、フォローしている人が「いいね」をしたツイートです。私をフォローするとすぐに、彼女のタイムラインに私が「いいね」をしたツイート、私が返信をしたツイート、私がフォローしているアカウントのツイートが一斉に流れました。彼女はそれを見てTwitterの拡散力のすごさを理解してくれたのです。

返報性の法則とは

ツイートを誰かに「いいね」してもらえると、「いいね」をしてくれた人のフォロワーのタイムラインに、あなたのツイートが表示される可能性があります。ということは「いいね」をしてもらえるようにすればいいのです。

では、どうしたら「いいね」をもらえるのでしょうか。内容がよいツイートを投稿すれば当然「いいね」をしてもらいやすいのですが、それ以外にも方法はあります。それは人のツイートに「いいね」をすることです。

◆返報性の法則

返報性の法則といって、人からしてもらったことにお返しをしたくなる心理があります。いつも自分のツイートに「いいね」をしてくれる人には、「いいね」を返したくなりますし、コメントを入れればコメントを返してもらえるようになります。

Twitterに限らずほかのSNSもそうなのですが、アルゴリズムでエンゲージメント（ツイートを見たユーザーの反応・行動）を見ていると、投稿がフォロワー全員にまでは届いておらず、エンゲージメントが高い仲よしの人の投稿が優先して表示される仕組みになっているのです。InstagramやFacebookも同じです。つまり、頑張って投稿をしても、交流をしないと見てもらえていないかもしれないのです。

「私の投稿を見てー」と投稿ばかりするのではなく、つながっている人の投稿に「いいね」をしたりコメントを入れたり、上手に交流してください。

皆さんが怖がる炎上も、そう簡単に起きるものではありません。私は10年以上前からTwitterを使っていますが、一度も炎上したことはありません。そして残念ながら大きくバズったこともありません（せいぜい15万インプレッションというプチバズくらいです）。

炎上は過去の事例を知ることで防ぐことができます。また、炎上は時代の流れで変わるので、例えば今ならジェンダー問題だと炎上しやすいなど、常に最新の炎上事例を知っておきましょう。

Step 5 **Point!**

Twitterでは「いいね」やコメントを使って上手に交流しましょう。

Step 6

見つけてもらうFacebookの使い方

現在個人のFacebookで拡散されるのはタグ付けぐらいでしょうか。拡散力があったころと違い、個人のFacebookでのビジネス利用は一時期ほどの勢いはないように感じています。個人のFacebookは検索対象外なので、Googleなどの検索結果には表示されません。ですから、ビジネス用のFacebookページを使うのがおすすめです。

Facebookでは広告を視野に入れた投稿を

ビジネス用のFacebookページにはアクセス解析ができる「インサイト」という機能がついています。インサイトでは投稿ごとのリーチ（訪れた人の数）やエンゲージメント（コメント、シェア、「いいね」、記事中のリンクや写真などのクリックといったリアクションのこと）も確認できるので、投稿ごとにどのような反応があったのかを見ながら改善をしていくことができます（104〜105ページ）。

SNSの広告は安価なので、ある程度の事業規模になったらFacebookページから広告を出すのもいいと思います。将来、広告を出すことを視野に入れて、Facebookページにコツコツと投稿をしてファンを集めておいてください。

Step 6 Point!

Facebookでは管理ツールでアクセス解析をしましょう。

Step 7

SNSの種類別、投稿の適切な頻度

いろいろなSNSをご紹介しましたが、毎日すべてのSNSに投稿する必要はありません。FacebookとInstagramは週に2、3回程度でよく、Twitterは流れが速いので1日数回投稿しておいた方がいいでしょう。アメブロやnoteは1日1記事を投稿したいところです。

ブログ記事を投稿したら、SNSをつかって記事に誘導しましょう

Webマーケティングのファネルを思い出してください（78ページ）。SNSへの投稿はブログやホームページに導くために使います。しっかりした記事を書いてTwitter、Instagram、Facebookと3か所から誘導すれば合計4か所に投稿していることになりますね。顧客のリスト数が少ない人は、投稿を多くしてお客さまを増やしていきましょう。

Step 7 **Point!**

SNSごとに投稿を使い分けましょう。

Step 8

SNSで見かけてくれた人を将来のお客さまに

知り合い以外の人があなたのSNSのアカウントをフォローしたり、投稿を見てくれたりしたら、せっかくですから将来のお客さまになってもらうようにつなげたいですよね。そのための導線をどのようにつくればいいのか、ここで考えてみましょう。

興味を持ってもらえるプロフィールにしよう

あなたをSNSで初めて見かけて投稿内容に興味を持った人は、この後、どんな行動を取るでしょうか。有名企業と違い、あなたやあなたのビジネスは、誰もが知っているわけではありません。あなたの投稿からあなたに興味を持ってくれた人はおそらく、「この投稿をした人はどんな人なのだろう。どこにお店があるのだろう」と、SNSのプロフィールを確認するのではないでしょうか。

このことから、**SNSのプロフィールは興味を持ってもらえるようなものにする**ことが大切だということがわかりますね。

そのためにも、SNSのプロフィールは文字数制限があるものが多いですが、その文字数の中であなたの魅力を伝え、フォローしたくなる文章に仕上げておきましょう。その際に重要なのは、**自分が言いたいことを並べるのではなく、お客さま目線で書くこと**です。また、プロフィールを確認した後、プロフィールのリンクからウェブサイトに飛んでくれるかもしれません。リンクは必ず入れてください。

もう一度Webマーケティングのファネルを思い出してもらいたいの

ですが、お客さまは最初に接触するコンテンツ（SNS）から、比較・検討をするコンテンツ（ブログやホームページ）へと進みます。そこでメルマガやLINE公式アカウントにご登録いただければ、こちらのタイミングでメールやLINEをお届けすることができます。図にすると下のようなイメージです。

◆ホームページと各種SNSとの関係

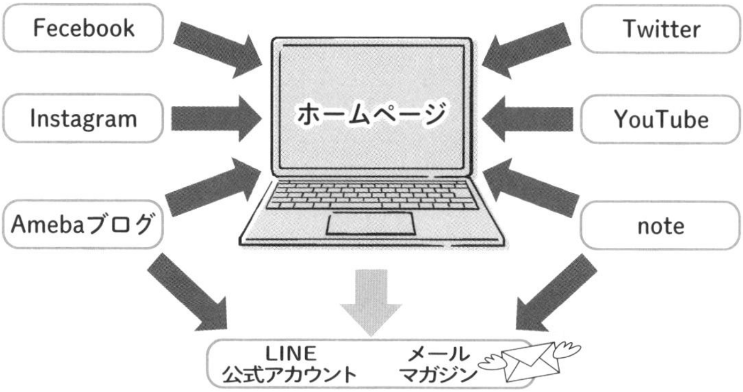

私はクライアントの方にSNSからの導線（集客マップ）を書き出してもらっていますが、それはSNSが担う役割を確認してもらうためです。

SNSで見かけてもらってから、どのような導線で成約に導くのか、導線を意識して運用をしてください。

Step 8 **Point!**

SNSから成約までの導線を意識して
集客マップをつくりましょう。

Step 9

SNSはアクセス解析をして改善しよう

SNSに投稿をしたらアクセス解析をして改善していきましょう。アクセス解析は見えないお客さまとの会話です。

どのような投稿をすると反応がよく、どのような投稿をすると反応が得られないのか、「いいね」だけでは見えない部分まで見ていきます。

Twitterではアナリティクスでトップツイートを分析しよう

Twitterの公式アプリでは各ツイートのツイートアクティビティを見ることができます。しかし、これだけでは不十分なので、パソコンからTwitterアナリティクスを見てみましょう。

アナリティクスのホーム画面では過去28日に何回ツイートをしたか、ツイートインプレッション（表示回数）、プロフィールへのアクセス数、@ツイート（コメント数）、フォロワー数（増減）がわかります。

上部のタブをツイートに切り替えてみましょう。棒グラフで過去28日のツイート数、インプレッション数がわかります。最新のツイートから順番に並んでいて、インプレッション、エンゲージメント数、エンゲージメント率がわかります。右側にはエンゲージメント率、リンクのクリック数、などがあります。

タブをトップツイートに切り替えて見てください。インプレッション数（表示回数）が多いツイート順に、インプレッション数、エンゲージメント数（反応した数）、エンゲージメント率がわかります。どんなツイートがよく見てもらえたのか、どんなツイートが反応してもらえたのかを見て、これからのツイートの参考にしましょう。

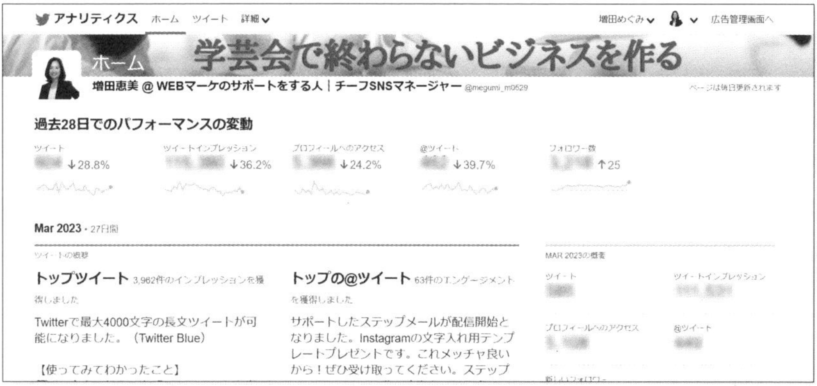
アナリティクス
ホーム
ツイート
詳細
増田めぐみ
広告管理画面へ
ホーム
学芸会で終わらないビジネスを作る
増田恵美 @ WEBマーケのサポートをする人｜チーフSNSマネージャー @megumi_m0529
ページは毎日更新されます
過去28日でのパフォーマンスの変動
ツイート ↓28.8%
ツイートインプレッション ↓36.2%
プロフィールへのアクセス ↓24.2%
@ツイート ↓39.7%
フォロワー数 ↑25
Mar 2023・27日間
ツイートの概要
トップツイート 3,962件のインプレッションを獲得しました
Twitterで最大4000文字の長文ツイートが可能になりました。（Twitter Blue）
【使ってみてわかったこと】
トップの@ツイート 63件のエンゲージメントを獲得しました
サポートしたステップメールが配信開始となりました。Instagramの文字入れ用テンプレートプレゼントです。これメッチャ良いから！ぜひ受け取ってください。ステップ
MAR 2023の概要
ツイート
ツイートインプレッション
プロフィールへのアクセス
@ツイート

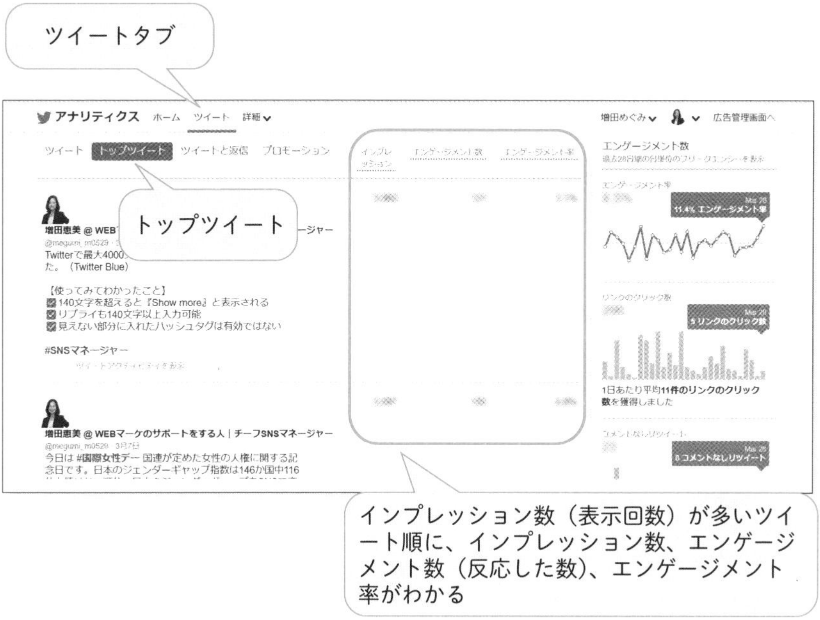
ツイートタブ
アナリティクス
ホーム
ツイート
詳細
増田めぐみ
広告管理画面へ
ツイート
トップツイート
ツイートと返信
プロモーション
インプレッション
エンゲージメント数
エンゲージメント率
トップツイート
増田恵美 @ WEB
@megumi_m0529
Twitterで最大4000
た。（Twitter Blue）
【使ってみてわかったこと】
140文字を超えると『Show more』と表示される
リプライも140文字以上入力可能
見えない部分に入れたハッシュタグは有効ではない
#SNSマネージャー
増田恵美 @ WEBマーケのサポートをする人｜チーフSNSマネージャー
@megumi_m0529 3月7日
今日は #国際女性デー 国連が定めた女性の人権に関する記念日です。日本のジェンダーギャップ指数は146か国中116
エンゲージメント数
エンゲージメント率
Mar 28
11.4% エンゲージメント率
リンクのクリック数
Mar 28
5 リンクのクリック数
1日あたり平均11件のリンクのクリック数を獲得しました
コメントなしリツイート
Mar 28
0 コメントなしリツイート
インプレッション数（表示回数）が多いツイート順に、インプレッション数、エンゲージメント数（反応した数）、エンゲージメント率がわかる

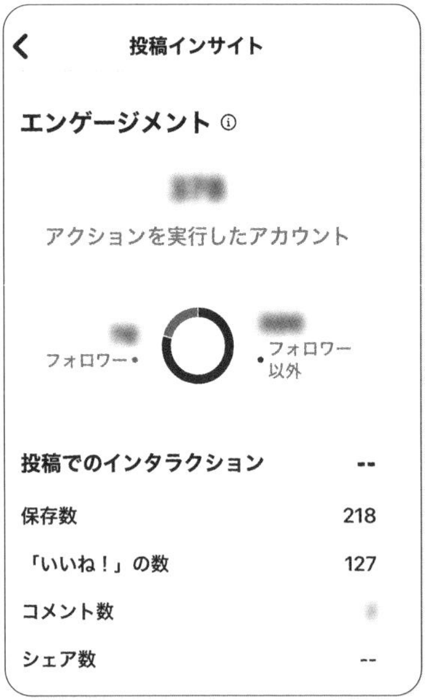

Instagramでは投稿インサイトを確認しよう

Instagramアプリには各投稿のインサイト（ユーザーの行動解析）があります。ここを見ると、何回表示されて（インプレッション数）、何人に見てもらえて（リーチ数）、ハッシュタグから、ホームから、プロフィールからなど、どこからきてくれたかもわかります。

また、反応（エンゲージメント）の内訳もわかります。保存数、「いいね！」の数、コメント数、シェア数、プロフィールへのアクセス数、フォロー数（その投稿からフォローしてくれた数）もわかります。

下は私のプライベートなアカウントのインサイトですが、「いいね」の数より保存されている数の方が多いのです。このように、投稿や「いいね」の数だけを見ていたらわからないことに気づきを得られるのがインサイトページを確認するメリットなのです。

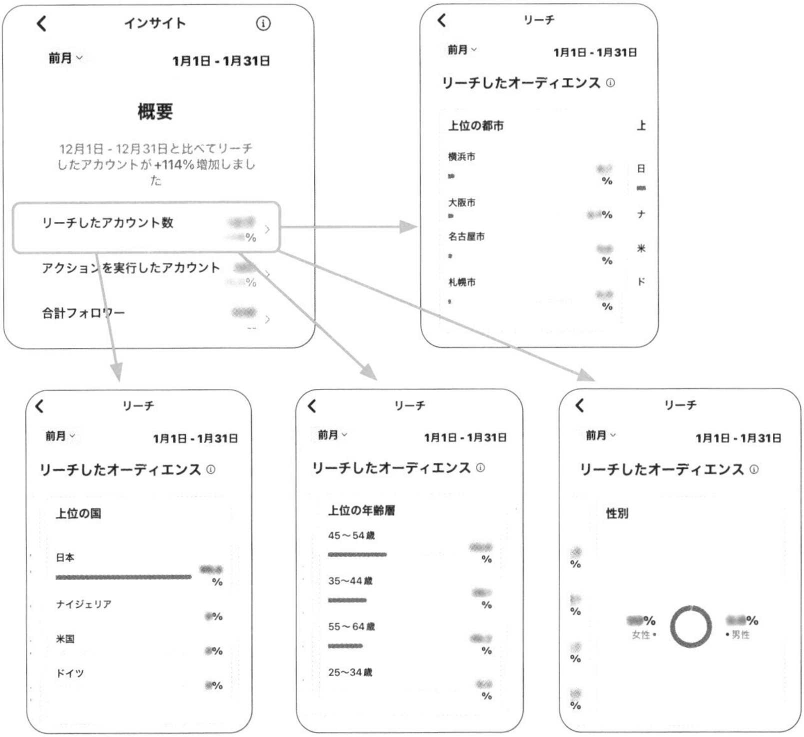

投稿のインサイトとは別に、プロフィールページから見られる全体を見るプロフェッショナルダッシュボードがあります。ここを見ると、リーチしたオーディエンス（対象ユーザーの層）で、上位の都市、上位の国、上位の年齢層、性別がわかります。

さらに、過去の投稿をリーチ順に見ることもできますし、指標をインプレッション数、ウェブサイトのタップ数、プロフィールの表示数などに切り替えて見ることもできます。

あなたの投稿は来てもらいたい地域、年齢、性別の人に届いていますか？

Facebookはビジネス用アカウントでインサイトなどを確認しよう

Facebookではビジネス用のアカウントで投稿ごとにインサイトを見ることができます。概要（リーチ数、インプレッション数、エンゲージメント数)、インタラクション（リアクション、コメント、シェア)、投稿へのアクションがわかります。

また、パソコンからプロフェッショナルダッシュボードも見てみましょう。「ページの概要」から、リーチ、エンゲージメント、新規の「いいね」、リアクション、コメント、シェア、写真ビュー、リンクのクリック数などがわかります。

次ページ上の「投稿」からは、投稿ごとのリーチ数、エンゲージメント数がわかります。どのような投稿のリーチが伸びて、どのような投稿のエンゲージメントが高いのかなど定期的に確認をして改善のアクションにつなげていきましょう。

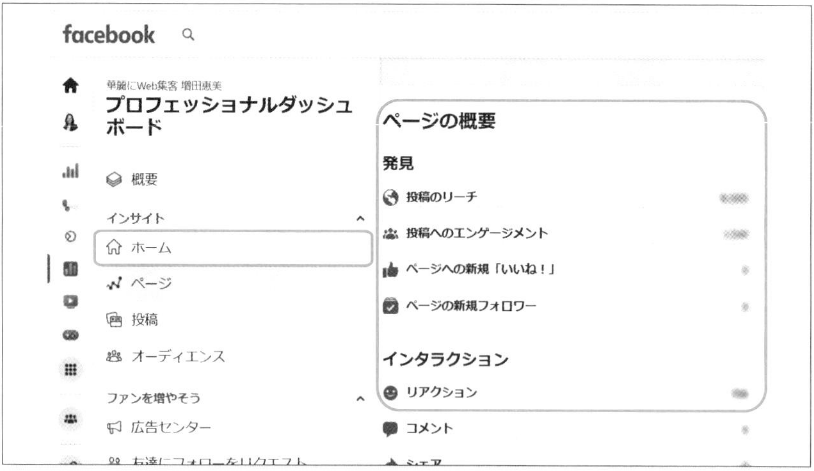

オーディエンスでは、年齢と性別、地域がわかります。あなたの未来のお客さまに、あなたの情報が届いているかを確認しましょう。

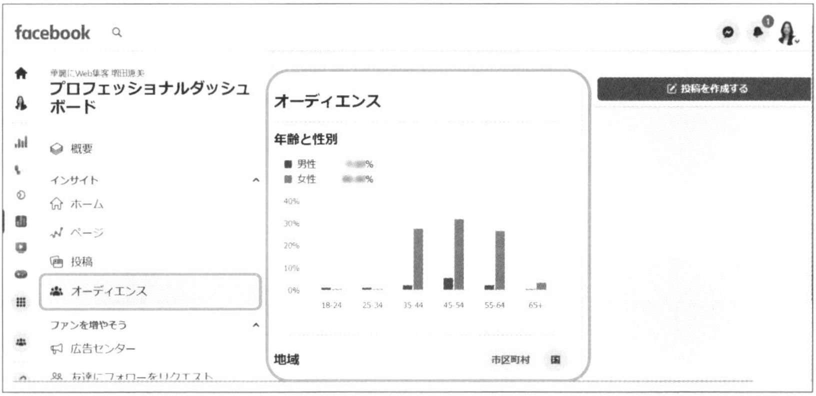

Step.9 Point!

SNSごとにアクセスを解析して、
これからの投稿に役立てましょう。

やってみよう!

Let's try!

SNSでの発信が最大化するワーク

ペルソナのSNSとのかかわり方を想像しながら、SNSを使う目的を明確にし、運用方針を決めましょう。

SNSを使う目的

❶SNSを使う目的を書き出しましょう。

（例）認知拡大、サイトへの誘導、顧客とのつながりなど

ペルソナとSNSのかかわり方

❷対象となるユーザー層を設定しましょう。

❸対象となるユーザーが利用しているのはどのSNSでしょうか。

あなたのSNSについて

❹投稿の内容や頻度など、利用するメディアをどう運用していくか決めましょう。

（例）Instagramを週に３回更新。ノウハウ×２、お客さまの声。

❺プロフィールを整えましょう（入れるリンク・フォローしたくなる文章など）。

❻98〜99ページを参考に集客マップをつくり、SNSで見かけてもらってからの導線を確認しましょう。

こちらのQRコードから
ワークシートをダウンロードできます。
（パスワードは本書10ページに掲載）

— *Work* —

Chapter 5

SEOで未来のお客さまに見つけてもらおう

ビジネスの主戦場は
Web空間

Step 1

悩んだときに検索窓に入れる言葉を予測しよう

日本にはGoogle、Yahoo! JAPAN、Microsoft Bing、楽天ウェブ検索など、いくつもの検索エンジンがあります。パソコンとスマホで若干違いはありますが、日本で使われている検索エンジンの90％以上がGoogleとYahoo! JAPANです。

日本で主に使われている検索エンジンはGoogle

SEOはGoogleに対する対策ですが、Yahoo! JAPANの結果はGoogleの結果を流用しているので、Googleの対策だけ考えればよいといえます。

◆日本で主に使われている検索エンジンとそのシェア率

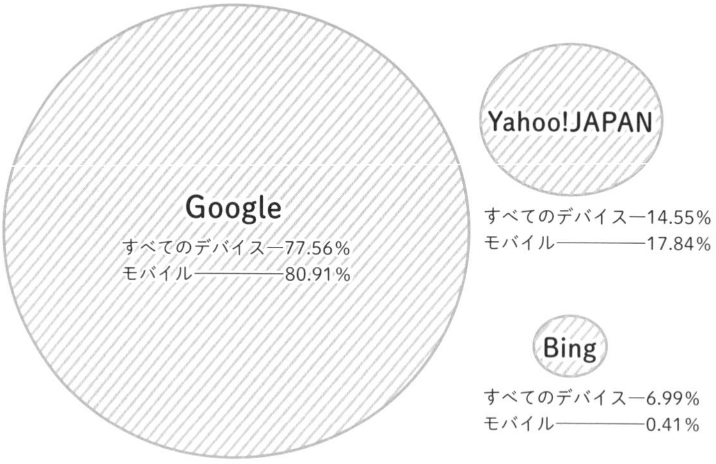

ほかにDuckDuckGo、Baidu、Yandex、Ecosiaなどの検索エンジンがあります。
出典：StatCounterウェブサイト　2023年２月の数字より編集部で図案化

ユーザーの役に立つサイトが検索結果の上位に表示される

検索エンジンの主な役割は、検索ユーザーの悩みを解決するために、ユーザーが検索窓に入れた言葉の答えに順位を付けて表示することです。あなたの未来のお客さま（ペルソナ）が、悩みを解決するためにどんな言葉を検索窓に入れるのかを予測し、その答えを自分のコンテンツの中に書いておけば、検索結果のページで上位に表示されやすくなります。それがSEOの基本となります。

ブラックハットSEOと呼ばれる、検索エンジンを欺《あざむ》いて自社サイトを上位表示させる悪質なやり方もあります。ブラックハットSEOを見破るGoogleのアルゴリズムの精度が上がっているので、仮に今見逃されていてもいずれ無効になりますし、場合によってはペナルティを受けるかもしれません。

これに対し、正当なやり方はホワイトハットSEOと呼ばれていて、Googleが推奨するガイドラインに沿った施策です。Googleは検索ユーザーのために存在しているので、検索ユーザーの役に立つサイトを上位表示させたいのです。もし、役に立たないサイトが上位になったら、多くのユーザーがGoogle以外の検索エンジンを使うようになってしまいますから。

このため、Googleは常に、ユーザーが探している役に立つ情報を上位表示させるように日々進化しています。ブラックハットSEOには手を出さず、困っている人の役に立つコンテンツを書いていくことで上位表示されるようにしていきましょう。

Step 1 **Point!**

検索上位に表示されるには、
お客さまの役に立つコンテンツづくりが欠かせません。

Step 2

ビッグキーワードとスモールキーワード

困っている人の役に立つコンテンツを書いていくわけですが、コンテンツとは「情報の中身」で、ブログでは「記事」がコンテンツとなります。コンテンツマーケティングという手法がありますが、ブログやSNSにお客さまが求めている様々なコンテンツを提供することにより、見込み客との接点をつくり、興味を持ってもらう手法です。

Chapter 5でお話しするSEOはウェブサイト（ホームページ）全体のSEOではなく、ブログ記事単位のSEOです。よく検索される記事は、これからもずっとお客さまを連れてきてくれる資産です。無料ブログに書いたものも、ホームページのブログや販売記事も「記事」ですが、できれば独自ドメインのホームページのブログに蓄積したいものです。

検索結果で上位に表示されることを目指そう

検索エンジンでの検索件数が多い言葉をビッグキーワード、検索数が少ない言葉やニッチな言葉、複数の単語を組み合わせたものをスモールキーワードと言います。毎日何万回も検索されているビッグキーワードでは検索結果で上位になるのは難しいのですが、検索需要が少ないスモールキーワードなら検索結果で上位になる可能性も高くなります。

何かを調べるときには検索窓に言葉を入力して検索することが多いと思いますが、検索結果のページをどこまで閲覧しますか？　1ページめから役に立ちそうなページをチェックし、1ページめで用が足りてしまえば、2ページめ以降を開くことは少ないのではないでしょうか。そう考えると、検索結果で1ページめに入るのは大前提であり、なるべく上位に入ることを目指したいところです。

スモールキーワードを検索した人に見つけてもらおう

ビッグキーワードは、検索される回数は多いものの、ニーズが分散しているので、何らかの申し込みにまでつながる可能性は低いでしょう。一方、スモールキーワードは、アクセス数が少なくてもニーズが合っている可能性が高いため、何らかの申し込みをしてもらう可能性はビッグキーワードより高いと言えます。

例えば、「東京」という言葉は1か月に120万回も検索されている、まさにビッグキーワードの1つです。ただ、「東京」と検索窓に入れる人は何を知りたいのでしょうか。お店を探しているのか、路線図を探しているのか、観光スポットを探しているのかわかりません。

東京より範囲が限定された「渋谷」ですと、1か月に20万回を切るようになります。それでも、「渋谷」という言葉だけでは、検索している人が何を探しているのかわかりませんよね。

もっと絞って、渋谷でイタリアンレストランを探すとしたらどうでしょうか。「渋谷＋レストラン」「渋谷＋イタリアン」「渋谷＋イタリアン＋ランチ」「渋谷＋イタリアン＋おしゃれ」「渋谷＋イタリアン＋おすすめ」など、言葉を組み合わせて検索すると思います。先ほどの「東京」の120万回と比較したら検索数も少ないだろうことが想像できますよね。

◆ビッグキーワードとスモールキーワード

キーワードの種類	キーワード例	検索需要	ライバル	上位表示のしやすさ	順位変動のリスク
ビッグキーワード	ダイエット	多い	多い	難しい	大きい
スモールキーワード	薬膳 体質別ダイエット	少ない	少ない	簡単	小さい

スモールキーワードを組み合わせることで上位表示が可能になる

ビッグキーワードで検索上位に表示されるものは、ほぼ大手企業のサイトばかりです。ビッグキーワードはライバルも多く、強敵ばかりなのです。検索需要が少ないスモールキーワードなら、ライバルの数も減り、比較的上位表示される可能性が高いです。また、順位変動も少なめなので、一度上位になると長期間居続けられる可能性が高いです。

月に400〜600回検索されるキーワードがおすすめ

SEOを意識して記事を書いておくと、どうなれるのでしょうか。

自作のサプリメント販売のため、検索を意識してお役立ち記事を書いていたAさんのブログは、努力の甲斐あってスモールキーワードでの検索結果1位、2位となり、ずっと検索上位を維持していました。ある日、テレビの健康番組で彼女がブログに書いていた食材が取り上げられます。その影響でブログのアクセス数は1日2万超えに。その後、Aさんの会社でサプリメントを販売したところ飛ぶように売れ、今では大手通販サイトでも販売をしています。検索1位、2位になっていたキーワードはかなりニッチなもので、普段はそれほどアクセスのある記事ではないのですが、何が起こるかわからないので書いておくことが大事です。

SEO初心者は、まずは検索需要が少ないスモールキーワードで上位になる経験をしてみてください。コツがつかめたら少しずつ大きなキーワードを狙っていきましょう。月に400〜600回くらい検索されるキーワードをおすすめしています。数10回だと少なすぎます。上位になれたとしても検索エンジンからの流入がほとんどありません。

Step 2 **Point!**

まずはスモールキーワードの検索で
上位表示を狙いましょう。

Step 3

ニッチなキーワードで上位になれる言葉を組み合わせよう

ビッグキーワードでは上位になれないので、スモールキーワードで検索されたときに上位に表示されるようにと書きましたが、いくつか組み合わせて検索された言葉もスモールキーワードの１つです。

１つの言葉の検索だけでなく、いくつかの言葉を組み合わせて検索したときに上位を狙えるニッチなキーワードも探してみましょう。

Step2で出した例で言えば、次のようなものになります。

渋谷 ＋ レストラン（月間検索予想件数　2,320回）
渋谷 ＋ イタリアン（月間検索予想件数　6,480回）
渋谷 ＋ イタリアン ＋ ランチ（月間検索予想件数　800回）
渋谷 ＋ イタリアン ＋ おしゃれ（月間検索予想件数　136回）
渋谷 ＋ イタリアン ＋ おすすめ（月間検索予想件数　472回）

月間検索予想件数を見ると、１つの言葉より２つの言葉の組み合わせ、２つの言葉の組み合わせより３つの言葉を組み合わせ……と、組み合わせる言葉の数が多くなるほど、検索需要が少なくなることがわかります。

言葉を組み合わせることにより、よりあなたにマッチした未来のお客さまに見つけてもらうことができるのです。

ニッチなお悩みについて役に立つことが検索される

例えば、「保育園の書類やら家の書類やら、いい加減整理しなきゃ！どうしたらいいかしら？」と悩んでいる人がいるとします。その人の検索キーワードは次のようなものになるでしょう。

◆ペルソナの悩みから検索キーワードの組み合わせを考えよう

保育園の書類やら家の書類やら、いい加減整理しなきゃ！
どうしたらいいかしら？

書類整理 + 保育園 + どうやって
書類整理 + 住宅関連
書類整理 + ファイルボックス + 100 均
書類整理 + 未処理 + どうやって
書類整理 + 引き出し + 収納方法

組み合わせを考える際には、17〜18ページで書き出したペルソナのお悩みが役立ちます。

お客さまのお悩みを30個書き出せば30の記事が書けるはずです。

ペルソナのお悩みについて１つずつ考えてみましょう。ペルソナは悩みを解決しようとする際、どんな言葉を組み合わせて検索窓に入力するでしょうか。

いくつかのキーワードを組み合わせていくことであなたのビジネスを見つけてもらい、お客さまのお悩みを解決するお役に立つかもしれないということを知っておきましょう。

Step 3 **Point!**

悩んだときに検索される言葉を組み合わせて、
お客さまに見つけてもらいましょう。

Step 4

タイトルが先か、記事が先か？

言葉の組み合わせを決めたら、その言葉を組み合わせて記事タイトルをつくります。記事タイトルとは、検索結果に表示されたときに大きな文字になる部分です。言葉の数を減らさずに、ペルソナが３つの言葉を組み合わせて検索すると思うなら３つの言葉全部を、４つなら４つ全部を必ず使います。

あなたのページが選ばれるには、タイトルが重要

ところで、あなたは検索して結果が表示されたページから次に開くページを選ぶとき、検索結果の１位から開きますか？　以前、私がセミナー参加者にこの質問でアンケートを採ったところ、検索結果の１位から開く人は少数で、多くの方はタイトルとその下にある要約を見て、より自分の問題を解決してくれそうに思えるページから開いているとわかりました。このことから、タイトルにはペルソナが「これだ！」と思うような、惹かれるキャッチーなタイトルを付けるべきだといえるでしょう。

例として、検索する言葉が「書類整理 ＋ 家庭 ＋ 分類」なら「書類整理は分類が命！　家庭向けの書類の収納方法」というタイトルを､「書類整理 ＋ 未処理 ＋ どうやって」なら「書類整理に多い悩み。未処理の書類はどうやって保管すればいい？」というタイトルが挙げられます。

検索ユーザーは、開いたページにある情報では悩みを解決できないと判断したら、すぐページを閉じてしまいます。すぐに閉じられた記事は「人の役に立っていない記事」と判断され、徐々に検索結果の表示順位

が下がっていきます。検索結果は１位でなくてもタイトルと要約文の内容次第で選んでもらえる可能性はありますが、検索結果の２ページめ以降になってしまうと、見てもらえる機会はぐんと減ってしまいます。ですから、検索結果の順位はできれば高い方がよいのです。

お悩みに答える記事であることが鉄則

検索してあなたのブログを見つけた人は悩みの解決策を探しているので、とうてい悩みを解決できそうにないタイトルの記事では開いてさえくれません。ですから、ペルソナが検索窓に入れる言葉からタイトルを付け、その問題を解決する答えを記事にしていくことが大切です。このことから、記事を先に書いてからタイトルを付けるのではなく、先にタイトルを決めてから記事を執筆すべきだということを理解いただけるのではないかと思います。

また、書いている途中で内容が脱線してしまうこともあるかもしれません。だからといってタイトルを変えるのはNGです。検索される記事を書くには、記事タイトルと一致する結論にすることが重要です。ペルソナのお悩みに対する「あなたなりの答え」であり、解決方法です。

解決策は１つだけではありませんよね。痩せる方法１つを取っても、糖質オフ、ファスティング、運動、エステ、サプリメントなど、様々です。あなたのビジネスにつながる答えにすることです。

答えのない記事は検索上位になれません。必ず答えのある記事を書くようにしましょう。

Step 4 Point!

ペルソナが検索する言葉からタイトルを決め、
タイトルに対する答えを記事にしましょう。

Step 5

構成を決めてから記事を書こう

「記事を書きましょう」と言うと、頭に思い浮かんだことをそのまま書き始めてしまう人がいます。でも、専門家として検索される記事を書くなら、結論を証明する根拠や事例を明確にすることが必要です。

まず、どのようにして記事が目指すゴール（結論）に導いていくのか、構成を決めましょう。これまで頭に浮かんだとおりに書き進めてしまっていた人は、全体の構成を考えてから書き始めるようにすることを習慣づけましょう。

構成の中に、根拠や事例をいくつか入れる

記事の結論に納得してもらうためには事例や根拠が必要です。その事例や根拠は複数ある方が信頼されます。数学の「証明」と同じ考え方です。「三角形ABCと三角形DEFが合同である」と証明するためには、角度が同じ、辺の長さ、といったことを根拠に証明しますよね。

記事でも、「あなたなりの答え」になった根拠や事例をいくつか入れて説明します。データを示したり、公の機関が出している文章を引用したりと、誰が見ても納得できるものにするのです。「私はこう思う」という程度では根拠としては弱いものになります。説得力がある根拠を入れて、きちんと言い切るようにしましょう。

構成は、最初に「こんなことに困っていませんか？」というような導入と、「こうすれば解決できます」という結論を持ってきます。次に、根拠や事例を３つ程度入れます。最後にまとめとして再度結論を入れます。

◆ 2,000字の記事の作り方

❶ 導入から結論	400字
❷ 根拠や事例１	400字
❸ 根拠や事例２	400字
❹ 根拠や事例３	400字
❺ まとめと再度結論	400字

文字数は2,000字を目標とします。

これまで短く記事をまとめてきた人にとっては、2,000字はハードルが高いかもしれません。実はかつての私もそうでした。でも、①導入から結論、②根拠や事例１、③根拠や事例２、④根拠や事例３、⑤まとめと再度結論、と５つのパートで400文字ずつ書けば、合計2,000字になります。

このように、構成を考え、パートごとに文字数を振り分ければ、2,000字どころか3,000字、4,000字といった長文も書けるようになるのです。

Step 5 **Point!**

「導入と結論」「根拠や事例×３」「まとめ」で
2,000字程度に仕上げましょう。

Step 6

記事の中に出てくる見出しにもひと工夫しよう

SEOにおいては記事中の見出しも重要です。見出しを付ける目的の1つはどんな記事なのかひと目でわかってもらうようにすること、もう1つは検索エンジンに文章の構成を伝えることです。

書店で気になった本を手に取ったとき、購入するかどうかを決めるには目次が重要な判断要素となります。目次を見ればおおよその内容が把握できるからです。記事においては見出しが本の目次と同じ役割をはたし、ユーザーは見出しを見て自分に必要だと思えばページを読み進め、必要なさそうならページを閉じてしまいます。ですから、記事の内容がひと目でわかる見出しを付けるとよいでしょう。

見出しには、検索エンジンに文章の構成を伝える目的もあります。記事タイトルの見出しはh1、記事中の見出しはh2（大見出し）、h3（中見出し）、h4（小見出し）と段階があります。検索エンジンは見出しから文章の構成を把握しています。

検索上位に表示されるために知っておきたいこと

ひと昔前は、「キーワード出現率」というものも重要視されていました。そのページに特定の言葉がいくつ入っていて、全体の文字数の中で何パーセントを占めるかというものです。今はタイトル、見出し、メタディスクリプションに効果的にキーワードが使われているかが重要になっています。「メタディスクリプション」とは、検索結果のページで、タイトルの下に100文字程度表示される説明文のことです。

◆見出しと記事本文の構成

記事タイトル	記事タイトル		
導入部分	導入文（結論）		
	見出し1 記事本文1	根拠	
記事本文部分	見出し2 記事本文2	根拠	2,000 文字以上
	見出し3 記事本文3	根拠	
まとめ	見出し まとめの内容		

見出しを見たら記事の内容がひと目でわかるように
見出しにも検索キーワードを入れるとよい

記事中の見出しにも検索キーワードを入れよう

見出しの付け方ですが、例えば記事タイトルに「手作り＋手提げカバン＋小学生」と３つの言葉を入れた場合、見出し１に「手作り」、見出し２に「手提げカバン」、見出し３に「小学生」と入れます。「見出しに入れなくては！」と頑張らなくても、３つの言葉の組み合わせの答えを書こうとしたら、根拠の見出しにも自然に入ってくるでしょう。

Step 6 **Point!**

記事の中に出てくる見出しにも
検索キーワードを入れましょう。

Step 7

「お客さまにどうしてほしいか」により記事の書き方を変えよう

ここでは、書いた記事の最終目的ごとに、ひと工夫が必要だということを説明します。

サイトの最終目的に誘導するひと工夫を

記事を読んでくれたお客さまにどのような行動を取ってほしいと考えていますか。あなたが提供する商品やサービスへの申込みなのか、関連記事を読んでもらいたいのか、それともメルマガに登録してもらいたいのでしょうか。

◆書いた記事の最終目的は？

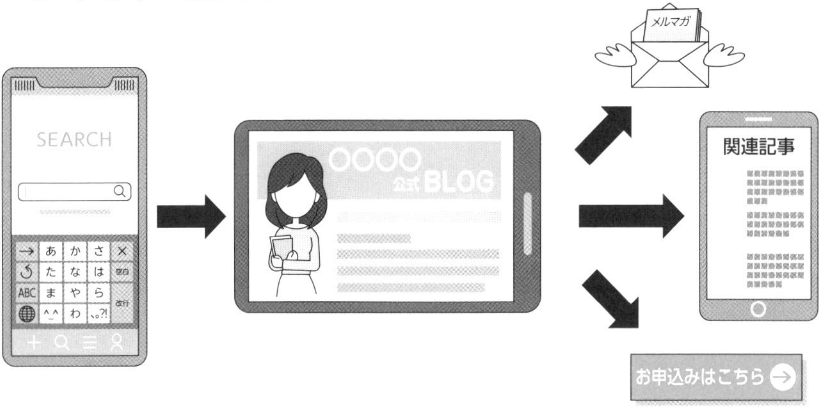

たどり着いた記事からどこにつなげるのかで書き方を変える

検索から記事にたどり着いてくれたお客さまに、サイトの最終目的となる行動を喚起することをマーケティング用語でCTAと言います。「Call To Action」の頭文字をつなげたもので、最終目的に誘導する言葉や、「今すぐ資料請求をする」といったバナーなどをCTAと言うこともあります。

CTAは客単価、お客さまとの付き合いの期間などにより異なる

最終目的が関連記事を読んでもらうことなら、記事の下に関連記事のリンクを入れておきましょう。関連記事については、次のStep8で詳しく説明します。

お教室やサロンなど、比較的単価が安いビジネスなら、購入を決断するまでにそれほど時間がかかりません。サイトを訪れたお客さまに申し込んでもらうことが最終目的となる場合が多いでしょう。こうした業態では、お客さまが申し込みたくなるような記事に仕上げることが大切になります。

コーチ、カウンセラー、コンサルタントなど、お客さまとのお付き合いが長くなるビジネス、商品が高額なビジネスでは、即お申込みにつながることは稀です。まずはフロントエンドとなる安価なセッションを申し込んでもらうことやメルマガに登録してもらうことなどが記事の最終目的となる場合が多いです。

上記を参考に、記事を投稿するたびごとに、関連記事やメルマガのバナーなどを入れておくようにしましょう。

Step 7 **Point!**

記事を読んだお客さまをどこに誘導したいのかを考えて、書き方を変えましょう。

Step 8

関連記事でお客さまの心をつかもう

検索してあなたのサイトにたどり着いた方が、その記事だけを読んであなたのサイトを離れてしまってはもったいないですよね。あなたのことを知ってもらい、あなたを専門家として認知してもらうための工夫として、サイト内の記事ごとに関連記事のリンクを入れて、あなたのサイトをもっと見てもらうようにしましょう。

他の記事を読んでもらうことで検索エンジンの評価も上がる

たいていの人は選択肢がありすぎるとかえって迷ってしまうもの。ですから関連記事は１～２つ、多くても３つまでとします。記事の最後に関連記事のリンクを張り、リンク先にもまた別の関連記事のリンクを張ってまた別のページに飛んで読んでもらう……というように、あなたのサイトを回遊してもらうイメージです。いくつかの記事を読んでいるうちに、あなたのことをもっと知りたくなるかもしれません。

関連記事でほかの記事も見てもらえれば「直帰率」が下がり、サイトの滞在時間を長くすることができます。検索エンジンに「このページを開いた人はほかのページも見ているし、長時間滞在しているのだから、このページは検索ユーザーのためになっている」と、Googleのアルゴリズムからもよい評価をもらえるようになります。

Step 8 **Point!**

関連記事も読んでもらえるように
関連記事へのリンクを張りましょう。

Step 9

読まれる記事を量産しよう

「検索で見つけてもらえるサイトをつくりましょう」と言うと、サイト内のすべての記事が検索されるようにならなければいけないと受けとめる人がいます。すでにサイトやブログを運営していればご存じかと思いますが、すべての記事が同じようにPV数（ページビュー数）が多いということはありえません。

検索結果で上位になるに違いないと思う記事があまり閲覧してもらえないこともありますし、軽い気持ちで書いた記事が検索結果でいつも上位に表示され、たくさんの方に読んでもらいお役に立つこともあります。

スモールキーワードで検索されて読まれる記事を増やす

少しでも読まれる記事が書けたら、それを量産するようにしましょう。検索需要が少ないスモールキーワードでも、数多くの記事が検索結果の上位になればよいのです。１つのキーワードへのアクセス数は１日10回しかなくても、そんな記事が100あれば1,000PVになります。毎日1,000アクセスがあるサイトということです。

このような手法をロングテールSEOと言います。

実は、SNSで「見かけてくれる人」より、SEOで「見つけてくれる人」の方が能動的に探していることから成約率が高い傾向にあります。いくつかの言葉を組み合わせて探したどり着いた人は、それに関するお悩み解決の手段を本気で探しているということもあり、特に成約率が高いお客さまとなる可能性が高いのです。

◆ロングテール SEO

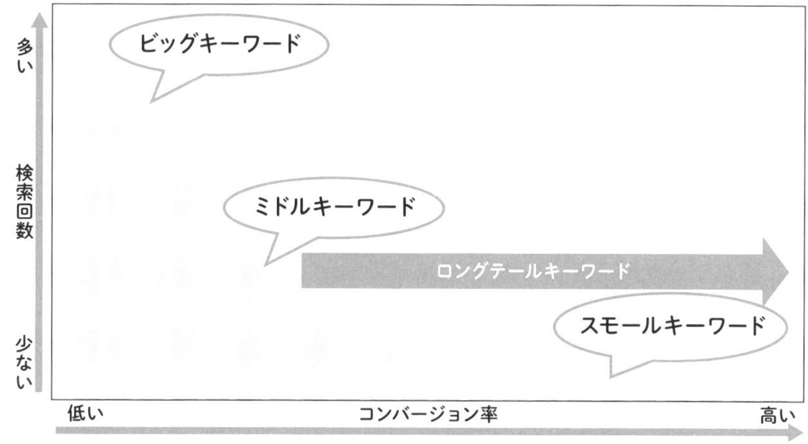

先日、あるクライアントから「メルマガ読者が1,000人超えました」と連絡をもらったのですが、その方が昨年ブログを更新した回数は、アメブロ（Amebaブログ）を毎月２回、WordPressブログ10回の、計34回でした。年に34記事しか書かなくてもメルマガ読者が増え続け、メルマガでお知らせするだけで講座に来ていただける状態になっています。これがブログの半自動販売機化です。

お役立ち記事を量産してロングテールSEOを戦略的に行えば、新たな記事を頻繁に書かなくても常にアクセスがくるブログをつくることができるのです。

Step 9 **Point!**

スモールキーワードで大丈夫！
検索される記事を量産しましょう。

Step 10

SNSとSEOのバランスと、今後のSEO対策

ビジネスは、SEOだけを頑張っても上手くいくものではなく、SNSだけを頑張っても上手くいくものでもありません。SEOとSNSは車の両輪のようなもので、どちらか片方だけで上手くいくわけではありません。SEOとSNSを使う比率は、5対5の人もいれば、7対3や8対2などあるかと思います。

SNSとSEO、あなたのビジネスの最適なバランスを探そう

Googleの検索品質評価ガイドラインには「YMYL」という言葉が登場します。Your Money or Your Lifeを省略した言葉で、健康や財産に関連する分野ということ。ネットショップ、金融、医療、法律、ニュースや公的な情報などを扱うページが該当します。

YMYLは生活や人生に大きく影響する情報なので評価が厳しく、SEOを頑張っても上位表示されることが難しくなっています。検索上位にあった民間療法の情報を信じて健康を害したり、間違った投資情報を信じて財産を失ったりすることを避けるためです。

YMYL分野は他の分野よりもE-E-A-Tが重視されます。E-E-A-Tとは経験（Experience）、専門性（Expertise）、権威性（Authoritativeness）、信頼性（Trustworthiness）のことで、その情報を書いている人は経験があるのか、その分野の専門家なのか、その分野で認められている存在なのか、そのサイト自体が信頼できるのかが重視されます。この分野では公の機関や大企業、国家資格を持った人が運営しているサイトに適わないため、SEO対策をしながらSNSの割合を多くしましょう。

対話型AIの登場でSEOはどうなるのか？

ビジネスの中でもウェブの分野は特に流れが速く「日進月歩」ならぬ「秒針分歩」と言われるほどです。変化に取り残されないよう、常に最新情報を入手し、先のことを考えながら対応していきましょう。

現在、脅威と言われているのがAIの存在です。対話型AIの登場により、２つの危機が訪れると予想されています。

１つめはSEOそのものがなくなる、もしくはSEO対策がより難しくなる可能性です。対話型AIに質問をすると、人間が答えたかのような回答が届くのはご存じのとおりです。検索してその結果として表示されたページを１つ１つ開いて読むよりAIに直接聞いた方が早いとなると、人が検索しなくなるかもしれません。AIは一般的なことならほぼ正確な答えをくれます。そうなると検索上位になっても意味がなくなるかもしれませんし、AIの精度が上がらなければ「やっぱり人が書いた記事だよね」になるかもしれません。

先ほどE-E-A-Tに触れましたが、2022年12月にそれまでのE-A-Tに経験（Experience）が加わりE-E-A-Tとなりました。経験が重視されるようになったということです。経験は人間にしかできません。ノウハウだけではAIに取って代わられるので、あなたの経験を盛り込んで記事を書いていってくださいね。

もう１つの危機は、AIにできる分野の仕事では人間が必要なくなるということです。AIにできない仕事でなければ生き残れなくなるということですね。

Step 10 **Point!**

人により、ビジネスのジャンルにより、
SEOとSNSの力の入れ方は異なります。

やってみよう！

Let's try!

SEOでの発信が最大化するワーク

記事タイトルSEO

検索して見つけてもらうためには、ペルソナが悩んでいるときに用いる検索キーワードを的確に想像できるかが重要です。ペルソナの悩みごとに、検索に用いられると思うキーワードの組み合わせを書き出し、それをちりばめた記事タイトルをつくってみましょう。

（例）

ペルソナの悩み	家を買ったときの書類を、いい加減整理しなきゃ！　どうしたらいいかしら？
キーワードの組み合わせ	書類整理　＋　住宅関連
記事タイトル	何年もそのままになっていませんか？ 大量の住宅関連の書類整理やおすすめの収納方法

記事の書き方

記事の内容は「記事タイトルの答えとなるもの」です。「記事タイトルSEO」のワークで考えたペルソナの悩み、キーワード、記事タイトルについて、下記のように記事の構成や内容を考えてみましょう。

記事の構成

導入部分	結論を含めた導入文
記事本文	（見出し＋根拠や事例）×3セット
まとめ	見出し、結論

こちらのQRコードから
ワークシートをダウンロードできます。
（パスワードは本書10ページに掲載）

— *Work* —

Chapter 6

人を引き寄せる ホームページ づくり

SEO対策のための
8のステップ

Step 1

まずは目的（コンバージョン）を決めよう

ホームページをつくるときは、どんな色や写真を使おうか、どんなデザインがよいだろうかなど、つい見た目から考えがちなものです。でも、その前に、ホームページをつくる目的をしっかり確認しましょう。

ホームページを見た人にどうしてもらいたいか

ホームページをつくる目的と書きましたが、Webマーケティングの業界ではコンバージョンといいます。ホームページを見てくれた人に最終的にどういう行動を取ってもらうかということであり、最終的な成果とも言い換えることができます。コンバージョンがはっきりと決まれば、ホームページに書く内容やページの構成も決まってきます。

121～122ページでも記事の最終目的により内容を工夫するよう書きましたが、ここではホームページ全体の目的について説明しています。

◆ホームページ作成の目的がコンバージョン

HPに来てどうしてもらいたいですか？

* メルマガに登録
* サービスの問い合わせ・予約
* 講師依頼の問い合わせ
* 募集中のセミナーへのお申し込み…

↓

それが「コンバージョン」＝HP作成の目的です！

コンバージョンには次のようなものがある

コンバージョンをビジネスの種類別に分けて考えてみると、だいたい次のようになります。

① 講師依頼や企業からの依頼 ➡ **お問い合わせフォーム**
② 高額無形のコンサルティング相談など ➡ **メルマガの申込み**
③ 比較的安価なレッスンやセミナーなどで、開催される日程が決まっているもの ➡ **申込みフォーム**
④ 個別対応や日時の予約が必要なもの ➡ **予約フォーム**
⑤ 物販など ➡ **通信販売サイト**

比較的単価の安い商品を扱う通信販売業や、日程の決まっているお教室業や講師業、日時を予約してから参加してもらうサロン業であれば、申込みやご予約をコンバージョンとします。

非店舗系のビジネスであり、比較的高額な商品やサービスを扱っている人は、すぐに申込みとはなりにくいので、まずはメルマガに登録してもらうことをコンバージョンにするケースがほとんどです。

Step 1 **Point!**

ホームページをつくる目的＝コンバージョンが決まれば、おのずと内容も決まります。

Step 2
「サイトタイトル」「ディスクリプション」とは

今やほとんどの方が検索サイトで何かしらの言葉を検索したことがあると思います。検索結果のページにはホームページのタイトルが大きく太字で表示され、その下に説明文が表示されますよね。

そのホームページのタイトルをサイトタイトルといい、その下の説明文をディスクリプションといいます。

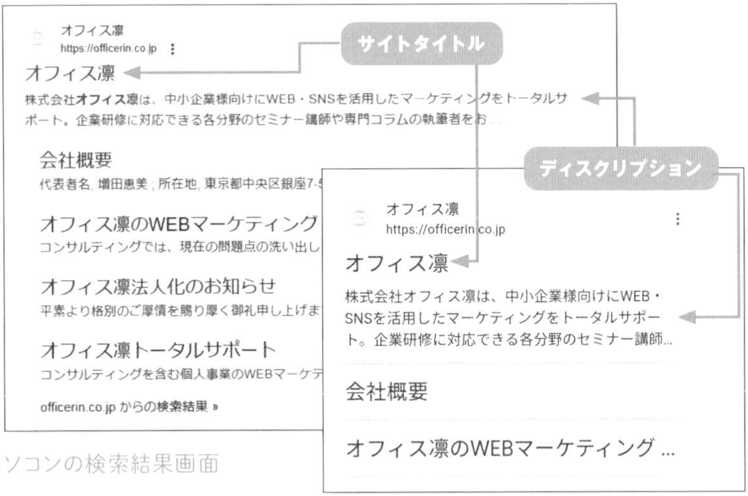

パソコンの検索結果画面

スマホでの検索結果画面

サイトタイトルは64文字程度、ディスクリプションは128文字程度がよいと言われています。

すべての文字が表示されるわけではなく、パソコンの場合、サイトタイトルは最初の28〜30文字程度が表示され、それ以降は「続きがある」ことを示す「…」を示して省略されます。ディスクリプションは、パソコンの場合は最初の約100文字が、スマホの場合、文字サイズにもよりますが80文字以下が表示されます。なお、デバイスやGoogleのアップデートにより表示される文字数は変わることがあります。

サイトタイトルには検索キーワードを入れよう

サイトタイトルには検索されそうなキーワードを入れておきます。検索結果の最初の１ページめに表示されるよう、キーワードを２〜３個組み合わせます（92〜95ページも参照してください）。

あれこれキーワードを入れすぎて検索キーワードの羅列になっているサイトタイトルを見かけることがあります。あなたが検索してそのようなサイトタイトルを見つけたとして、わざわざクリックしてそのサイトを見にいこうと思うでしょうか。

目にしたら思わずクリック（またはタップ）したくなるような魅力的なサイトタイトルを、あなたのUSPと検索キーワードの組み合わせでつくりましょう。検索エンジンは左側にある言葉をより重視しているといわれます。また、途中から「…」になってしまうので、サイトタイトルの最初の方に重要な言葉を入れるのがよいでしょう。

ディスクリプションにはサイトの概要を書く

サイトタイトルの下にあるディスクリプションも重要です。ディスクリプションとはそのサイトの概要です。「私が探しているのはこれだ」と思われるような、魅力的な内容にしましょう。

Step 2 **Point!**

サイトタイトルにはあなたのUSPが際立つ
キーワードを入れましょう。

Step 3

SEO対策としてのサイトタイトルの考え方

検索結果の順位を上げるために、サイトタイトルもSEOを意識したものとする必要があります。これは店舗系ビジネスと非店舗系ビジネスとで異なります。

店舗系は「地名＋職業」で検索される

あなたが新宿駅近くでネイルサロンを探していたら、検索窓にどんな言葉を入れて検索するでしょうか。ほとんどの方が「新宿駅　ネイル」とか「新宿　ネイルサロン」などと答えてくれると思います。このように、店舗で行うビジネスは、「地名（または駅名）＋職業」で検索されることが多いようです。お勤めしている人は仕事帰りに寄れる場所を探すので、まず「地名＋職業」というキーワードで検索し、いくつか候補を絞った上で、どの店舗に行くかを決めるものです。ですから、サイトタイトルに「地名＋職業」を入れておくのが有効だと考えられます。

ただし、これは東京のような鉄道が発達している大都市の場合です。地方都市や車移動が主な地域では、地名の選び方が異なります。お客さまが検索窓に入れる地名を考えてからサイトタイトルを決めましょう。

大都市の場合、「駅名＋職業」ではライバルが多すぎて検索結果の1ページめに表示されないことがあります。その場合は、お店の売りをもう1つ検索キーワードとしてプラスしましょう。前にもお話ししましたが、「渋谷 イタリアン」などでは該当するサイトが多すぎて激戦となり、なかなか見つけてもらえません。「ランチ」「おしゃれ」「景色がよい」

などとキーワードを加えることで、検索結果の数が減っていき、見つけてもらえる可能性が上がるのです。「地名＋職業」に、あなたのお店の売りを加えて、検索結果の上位を狙いましょう。

非店舗系はサイトタイトルより記事タイトルで検索される

非店舗系のビジネスをしている人を探すとしたら、お客さまはどのような言葉で検索するでしょうか。「東京　コンサルタント」と入れる人は、今やあまりいないはずです。コンサルタントの多くはオンライン対応により全国展開しているので、地名を入れて検索する必要はないからです。

非店舗系のビジネスでサイトのトップページから入ってきているお客さまは、サービス名、商品名、企業名をキーワードとする指名検索を行っていると考えます。すでに知っている、誰かに聞いた、SNSで見かけたなどで指名検索するのです。会社名や個人名で検索してもらえることもありますから、指名検索されたときに、自分のサイトがちゃんと上位にいるかを確認しておきましょう。

知らない人にサイトに訪れてもらうためには、記事タイトルにSEOを施します。あなたが何かに困って検索してみると、サイトのトップページではなく、何かしらのお役立ち記事にたどり着くことが多いと思います。お客さまが困りごとを抱えて、「不」を解消するためにどんな言葉を検索窓に入れるのかを予想して、１つ１つ記事にしていきましょう。検索される記事が多くなればなるほどサイトへの流入が増えてきます。124ページで説明した「ロングテールSEO」です。

Step 3 **Point!**

店舗系は「地名+職業」を、
非店舗系はロングテールSEOを戦略的に行いましょう。

Step 4

サイト全体の構成を考えよう

ウェブサイトをつくる目的（コンバージョン）、サイトタイトルとディスクリプションが決まったら、全体の構成を考えましょう。

固定ページには何を入れるか

全体の構成としては、どんなページが必要か、どこからどこへリンクすればよいのかなどを考えます。これらは日付の入らない固定ページとしてつくっていきます。

固定ページとは、メニューなどに固定して使うページのことで、パソコンならグローバルメニューバー、スマホならハンバーガーボタンに入っているものです。企業なら「会社概要」や「お問い合わせ」、個人事業主なら「著者プロフィール」などを固定ページでつくります。日付が入るブログ記事とは違い、固定化された記事となります。

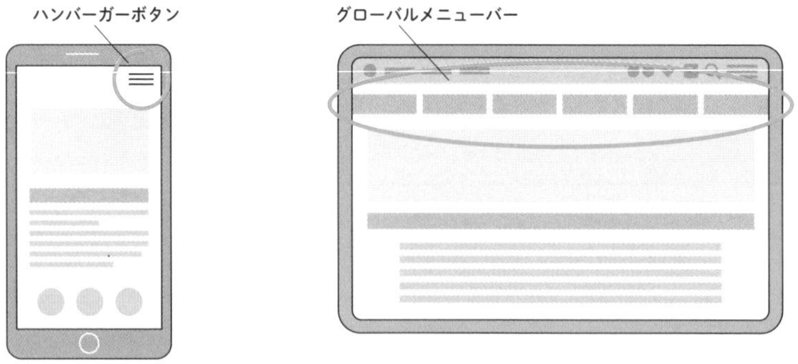

ビジネスによって異なりますが、固定ページには次のようなものが入っています。

トップページ	ご提供中のメニュー（メニューの詳細）
メルマガ	レッスンスケジュール
プロフィール	よくあるご質問
これまでの実績	ブログ記事
アクセス	ショップ
お客さまの声	お問い合わせ
ビフォーアフター	特定商取引法に基づく表記*
募集中の講座情報	プライバシーポリシー※

＊ホームページで商品やサービスの販売をする場合には「特定商取引法に基づく表記」の記載が必要です。

※ホームページに「お問い合わせフォーム」がある場合は、入力してもらう個人情報をどう扱うかということを、「プライバシーポリシー」として掲載が必要です。

他社のホームページを詳細に確認しよう

　きちんとしたホームページをつくりたいなら、同業者や他業者のホームページを10以上は見てみましょう。お客さまの気持ちになってわかりやすくつくられているか、申込みまでの導線がしっかりできているかなど、何度もクリックして詳細なページまで確認してください。

「こういうホームページにしたい」「ここにこんなボタンがあるとわかりやすい」「このページ内からこのページへのリンクがあればいいのに」といった気づきがきっとあり、あなたのホームページを検討していくのに役に立つはずです。

Step 4　Point!

同業者、他業種の多くのホームページを見て
固定ページや構成の参考にしましょう。

Step 5

トップページからサイトマップまでつくろう

ホームページをつくるには、事業の棚卸し作業が必要です。さっそくトップページからサイトマップまでを①から③の順でつくりましょう。事業の棚卸しを事前にしておくと、ホームページづくりを自分でする場合でも業者に依頼する場合でも、スムーズに進むようになります。

① 必要な固定ページを書き出す

必要な固定ページ（日付が入らない、固定化された記事）を次ページの①のように、ランダムに書き出します。

② 固定ページをカテゴリー別に分ける

固定ページをいくつかのカテゴリー別に分類します。カテゴリーの分類は、同業他社や異業種でもあなた自身が好ましいと感じたホームページを参考にするといいでしょう。

③ サイトマップをつくる

カテゴリー別に分けた上でサイトマップを作成します。サイトの上部に表示するヘッダーメニューや、ページの一番下にある、ほかのページへのリンクであるフッターメニューもここで決めてください。

なお、主要な事業とは関連のない別の事業を行っていると、事業の棚卸し作業がきついと感じられるかもしれません。

Step 5 Point!

必要な固定ページをカテゴリー別に書き出して、サイトマップをつくりましょう。

① 必要な固定ページを書き出す

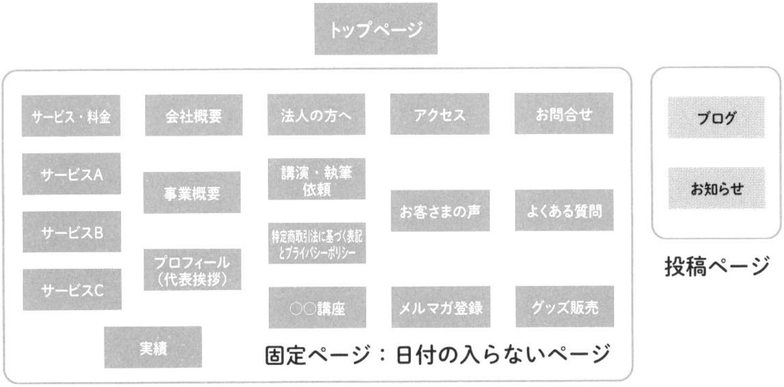

② 固定ページをカテゴリー別に分ける

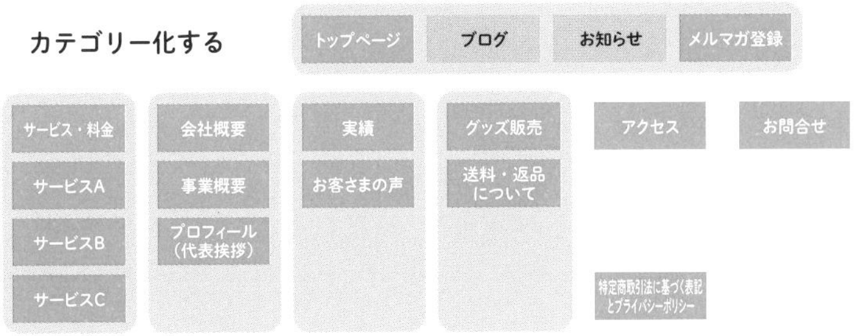

③ サイトマップをつくる

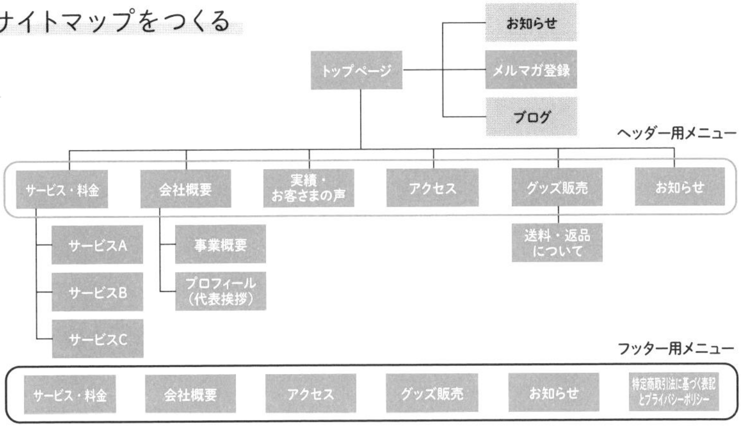

Step 6

来訪者の気持ちを想像して導線をつくろう

必要な固定ページが決まり、サイトマップをつくったら、ページの中身を埋めながら、来訪者の気持ちを想像して導線をつくっていきます。

あなたがあるお店のホームページを見て興味を持ったときに、どんな行動を取りますか。

「このお店はどこにあるんだろう」と思ったら、アクセスページを開きますよね。「何を売っているのかな」と思ったらメニューページを開くでしょう。「さっそく予約して行ってみよう」と思ったら予約ページを開くはずです。

◆来訪者の気持ちを想像して導線をつくっていこう

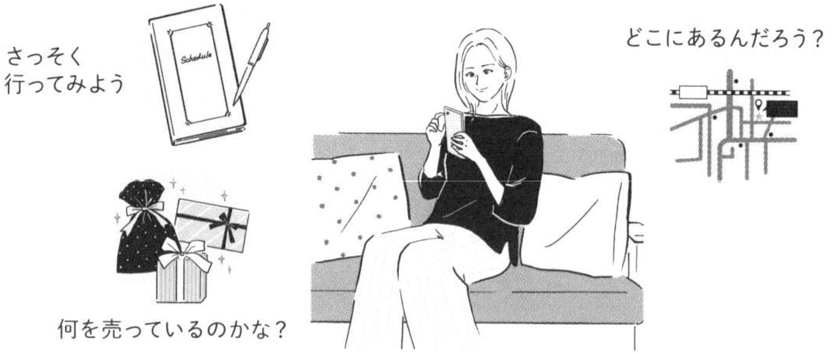

ホームページを見た人の「その先」の行動を考えよう

アクセスページを見るということは、行くことを考えています。メニューページを見るということは、予約（申込み・購買）を考えています。このように、お客さまの心理を考えながら、必要な情報をわかりやすい順序で記載していきましょう。これは実際の接客と同じです。

アクセスページにある地図をスマホで見ながら来店するお客さまもいるかもしれません。駅からお店までの道のりを写真付きで説明したり、それでもわからない方のために「道に迷われた場合はお電話でご連絡ください」と、タップするだけで電話をかけられるようにしておけば親切です。

お客さまがサイト内で迷わないよう、それぞれのページに必要な図やリンクを入れることを考えていきましょう。これが「導線をつくる」ということです。

リンクはボタンがわかりやすいと思います。バナーやボタンを存分に活用して、ホームページ内でお客さまをご案内してあげてください。

「メニューバーがあれば足りる」と思うかもしれませんが、スマホで見たときのハンバーガーボタンをご存じない方も結構多いのです。

特にBtoCのビジネスをしている方は、それぞれの固定ページから、お客さまが次のアクションを起こせるようにしておくことはとても大切です。

ホームページをつくる際にデザイン重視になってしまう人がいますが、大切なのは内容と導線です。お客さまはホームページが可愛いから購入するわけではありません。

色の選択も自分が好きな色を選んでしまう人が多いのですが、好みの色より職業にマッチしていて、お客さまから信頼を得られる色を選択するようにしてください。

Step 6 **Point!**

来訪者の気持ちを想像して
次のアクションを起こしやすい導線をつくりましょう。

Step 7

Googleの解析ツールを設置しよう

ホームページが完成したら、どんな人が閲覧しているのか、どのように閲覧されているのか気になりませんか？　ビジネスに役立てるためにはそうした情報を分析することがとても大事です。それができるのが解析ツールのGoogleサーチコンソールとGoogleアナリティクス4です。

Googleサーチコンソールはお客さまがサイトに来るまでの行動がわかるもので、Googleアナリティクス4はお客さまがサイトに来てからの行動がわかるものです。サイトを運用していく上ではどちらも必要です。無料で利用できますので、ぜひ設置するようにしましょう。

Googleサーチコンソールでわかること

Googleサーチコンソールでわかることは以下のようなことです。

①検索キーワードの状況（なんて検索してくれた？）

検索パフォーマンスのページでは、どのような言葉（キーワード）で検索されているか（クエリ）、現在その言葉で何位にいるのか（掲載順位）、何回表示されて（表示回数）、何回クリックされたのか（クリック数）、CTR（クリック率＝クリック数÷表示回数）などがわかります。

タブを切り替えることでページ別、国別、デバイス別、日付別にそれぞれの数値を確認することができます。

②サイトの問題点（ホームページにエラーが出てるよ）

エラーのあるページがわかります。Googleサーチコンソールに登録しておくと、サイトに何か問題が起きた際にはメールで教えてくれます。

③リンクの状況（他のホームページでも紹介してくれているよ）

自分のサイトの中にある別のページへのリンク（内部リンク）と、自分のサイト以外のサイトへのリンク（外部リンク）がわかります。

④URL検査（きちんと検索にかかるかの検査）

自社のホームページがきちんとGoogleの検索結果にインデックス（データベースに登録）されているかがわかります。

Googleアナリティクス4でわかること

Googleアナリティクス4でわかることは以下のようなことです。

- ☑何人が訪れてくれたのか（ユーザー数）
- ☑その中で新たな人は何人なのか（新規ユーザー数）
- ☑リピーターは何人なのか（リピーター数）
- ☑どこから来てくれたのか（検索、SNS、紹介など）
- ☑どれくらいの時間滞在したのか（平均セッション時間）
- ☑何ページくらい見てくれたのか(ユーザーあたりのセッション数)
- ☑パソコンやスマホなど、どのデバイス（機器の種類）で見てくれたのか（デバイスの種類）
- ☑どの地域から見てくれているのか、どのページに来て、その後別なページに移行して、どこで離脱したのか、どのページが何回表示されたのか
- ☑今現在どこから何人が見てくれているのか（リアルタイム）

つまり、ホームページの中でどんな人がどのように閲覧して申込みに至ったか、または至らなかったのかということが分析できます。申込みを迷ってやめたという動きが分析できた際には、その離脱してしまったページの内容を改善するといいでしょう。

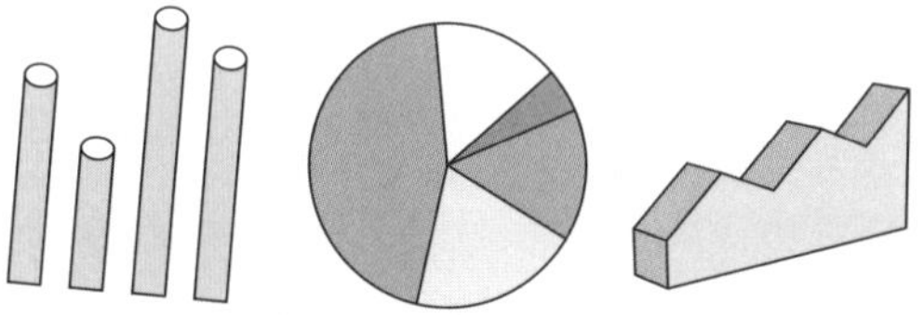

Googleサーチコンソール、Googleアナリティクス4は、どちらも多機能で設置や分析が簡単というわけではありません。企業の大規模なサイトと違い、小さなビジネス用のサイトではそんなに多くの機能を使う必要はありません。基本的なことだけわかれば十分です。

初心者向けの本を1冊購入して使い方や分析方法を自分の画面で確認してみてください。

なお、GoogleサーチコンソールもGoogleアナリティクス4も、設置した後からデータを取り始めるので、すぐに情報が見られるものではありません。そのため、ホームページを公開したらすぐに設置をしてください。設置は無料ですが、Googleアカウントが必要となります。事前にGoogleアカウントを取得しておきましょう。

Step 7 **Point!**

Googleサーチコンソールと
Googleアナリティクス4を設置しましょう。

◆ Google サーチコンソールの画面

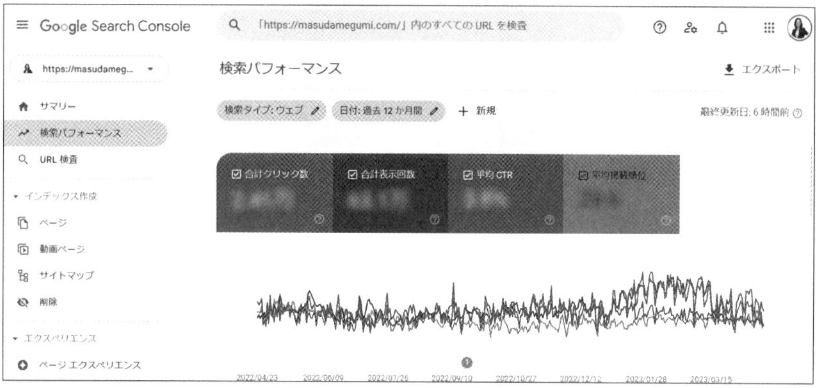

◆ Google アナリティクス4の画面

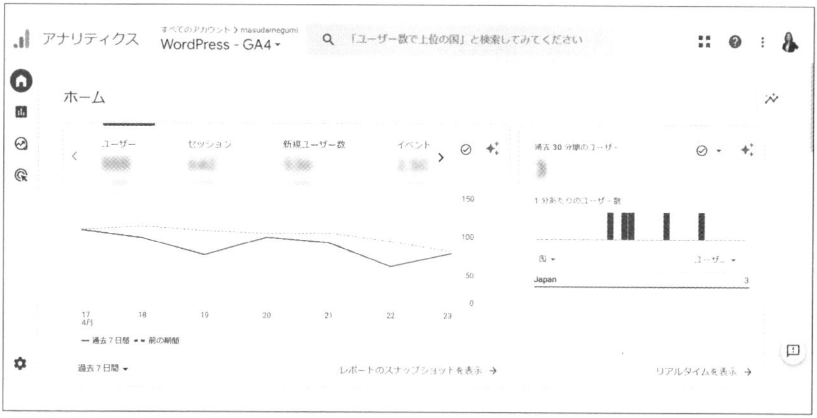

Googleサーチコンソール、GoogleアナリティクスおよびGoogleロゴはGoogle Incの登録商標です。

Step 8

解析ツールを上手に活用しよう

113〜114ページで、お客さまのお悩みから3〜4単語を組み合わせてスモールキーワードをつくりました。また、119〜120ページで上位表示されるための記事タイトルを付けました。そこで使った言葉を頭に入れておきながら、Googleサーチコンソールを使ってどんなキーワードで来てもらえているのか確認しましょう。

サイト訪問につながったキーワードを分析しよう

Googleサーチコンソールでは、どんな言葉を検索窓に入れたのか＝クエリがわかります。そのキーワードで現在何位にいて、どれくらいクリックされているかを確認しましょう。狙ったキーワードの組み合わせで上位表示されていなければ、記事内容やタイトルをブラッシュアップしましょう。上位に表示されているのにクリックされていないのであれば、タイトルやディスクリプションに魅力が足りないのかもしれません。

クエリの中には、あなたが検索されることを狙っていたわけではない言葉が見つかるかもしれません。無関係なものであればスルーしてもいいのですが、仕事につながりそうなクエリであれば、その言葉をキーワードとしている記事をリライトして、もっと読んでもらえる記事にブラッシュアップしましょう。質の低い記事を量産するより、検索から流入がある過去記事をリライトする方が改善につながります。

クエリを分析し、記事を見直しながら、検索されるコツをつかんでいきましょう。

サイト訪問者の行動を分析し、問い合わせや申込みにつなげよう

SEOの基本となるのが、Googleアナリティクス４を使ったサイト訪問者の分析です。SNSから来て１つの記事だけを読んで離脱する人は、SNSのフォロワーか、いつもあなたの記事を読んでくれている人という可能性が高いと思います。

◆ **SEO の基本はキーワードと訪問者の行動を分析し、改善すること**

申込みや問い合わせにつながらないことが多いなら、データを見ながら、お客さまの気持ちになって離脱する場所と離脱の理由を考えて改善をしていきましょう。

Step 8 **Point!**

サイト来訪者が、どんなキーワードで訪問し、なぜ離脱してしまったのかを分析しましょう。

やってみよう!

Let's try!

SEOに強い ホームページにするワーク

SEOに強いサイトタイトルづくり

❶ペルソナが探している商品やサービスは何ですか。

❷ペルソナが検索するときに入力する言葉の組み合わせを10パターン以上書き出しましょう。

❸❷の検索キーワードを用いてサイトタイトルとディスクリプションを、大事なキーワードはなるべく前半に入れて書いてみましょう。

※サイトタイトルは64字程度、ディスクリプションは128字程度です。デバイスやGoogleのアップデートにより表示される文字数は変わることがあります。

SEOに強いホームページの構成案

❶トップページ、お問い合わせフォームなど、必要な固定ページを書き出し、ヘッダー用の固定ページ、フッター用の固定ページを選びましょう。

❷サイトマップを描いてみましょう。

❸固定ページに入れる文章をつくりましょう。

❹サイトに訪れた人の気持ちになって導線をつくりましょう。

こちらのQRコードから
ワークシートをダウンロードできます。
（パスワードは本書10ページに掲載）

— Work —

Chapter 7

メール マーケティングの 基本を学ぼう

メールを最大限に活かして
お客さまになってもらいましょう

Step 1

ビジネスを安定させるメールマーケティング

江戸の商人は火事になったら顧客台帳を持って逃げたと言われています。火事で商品やお店を失っても、顧客リストがあれば再建できるからです。昔から商売をする人にとって顧客リストは大事だったのですね。

現代のWebマーケティングでの顧客台帳はメールアドレスとなります。顧客リストを増やし、メールマーケティングを行うことがビジネスを安定させることにつながるのです。

メルマガでお客さまにアプローチしよう

プッシュ型、プル型というマーケティング用語があります。プッシュ型は、売る側が情報発信や営業を積極的に行うことで商品やサービスの販売を行う方法です。プル型は、売る側が未来のお客さまにアプローチし、お客さまの方からコンタクトを取ってもらうのを待つ方法です。

メールマガジン（以下メルマガ）はプッシュ型のメディアです。ブログやSNSはプル型のメディアなので、お客さまが来てくれるのを待つしかありません。

◆プッシュ型メディアとプル型メディア

プッシュ型	プル型
売る側が情報発信や営業を積極的に行うことで商品やサービスの販売を行う方法 例：メルマガ、LINE 公式アカウントなど	売る側が未来のお客さまにアプローチし、お客さまの方からコンタクトを取ってもらうのを待つ方法 例：ブログ、Facebook、Twitter、Instagram、YouTube など

プル型メディアだけですと、募集を始めても、タイミングが悪く気がつかなかった、見ていなかったということが起きてしまいます。プッシュ型メディアであるメールなら、その人のメールボックスに届けられます。つまり、メルマガのリストがあれば、あなたのタイミングでお客さまに直接ご案内することができるのです。

また、メルマガはリードナーチャリングという側面も持っています。リードとは見込み客のことで、ナーチャリングとは育成です。メールなどで商品情報や商品とは直結しないお役立ち情報を提供し、継続的なコミュニケーションを取ることで、信頼関係を築いていくのです。

「ステップメールを読んでから来てくれる人と、読まないで来てくれる人は全然違います」と、クライアントから言われることがあります。

ステップメールを通じて基本的な知識を得て、あなたの考え方ややり方まで理解してくれるようにリードナーチャリングしているのでスムーズで、お互いの満足度が高く成果も出やすいのです。

Chapter 7では顧客リストであるメルマガに登録してもらうために無料で提供するステップメールのつくり方をお話ししていきます。

ステップメールとメルマガの違い

ところで、ステップメールとメルマガ、どんなものかはだいたいご存じかと思いますが、どんな違いがあるのかわかりますか？

ステップメールは、登録日によって、同じ日でも人によって違う記事を読みます。メルマガは、全員が同じ日に同じ内容を読むものです。

次ページに図にしたのは、メルマガを２日に１回配信している例です。

７月１日に登録したＡさんは、７月１日号から読めます。７月２日に登録したＢさんは、その日の配信がないので、７月３日号から読めます。

7月3日に登録したBさんも7月3日号から読めます。3人が同じ日に同じメルマガを読んでいるのがおわかりいただけると思います。

同じ内容を別な日に読んでいるのか、同じ日に同じ内容を読んでいるのかが、ステップメールとメルマガの大きな違いなのです。

◆ステップメールとメルマガの違いを確認しよう

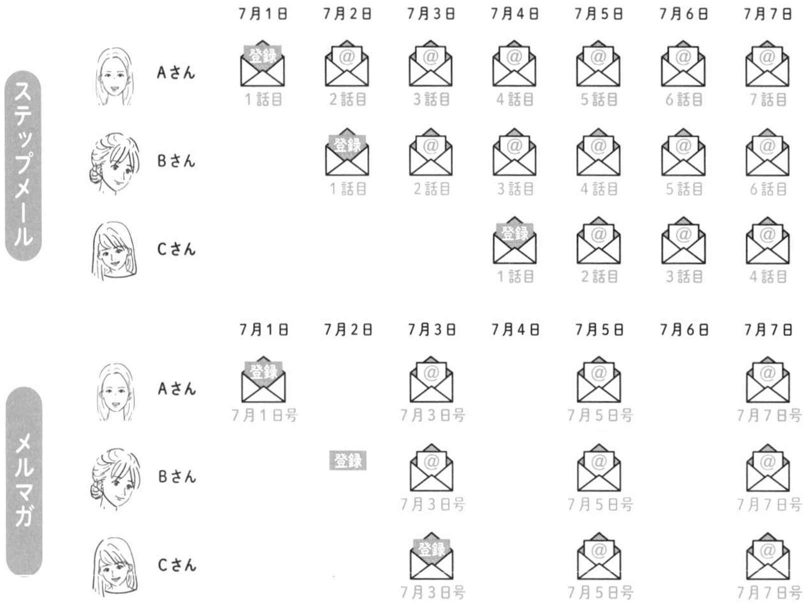

ステップメールは「無料でお役立ち情報を提供するオファー」

2つのメールの違いがわかったら、今度はステップメールやメルマガに登録してもらうことを考えていきましょう。あなたのサイトの中でどのように仕掛けていけばステップメールやメルマガの登録をしてもらえるのでしょうか。

かつてご自身がステップメールやメルマガを受信するように登録したときのことを思い出してみてください。あなたはどんな言葉に魅力を感じてステップメールやメルマガが届くように登録したのでしょうか。

基本的には「メルマガ配信中です。ご登録ください」というご案内だけでは、ステップメールやメルマガ配信の登録はしてもらえません。登録するメリットを感じないからです。道を歩いている知らない人に「メールアドレスを教えてください」と言っても、教えてもらえないのと同じです。

ステップメールは無料でお役立ち情報を提供するというオファーです。自分にとってメリットがあると思うからメールアドレスを教えてくれるのです。メルマガリストを増やすオファーはPDFや動画プレゼントなどもありますが、今回は最も多く使われているステップメールのつくり方についてレクチャーします。

「○日間の無料メール講座」といったステップメールをよく見かけますよね。登録した日から毎日、自動でメールが送られてくるようにセットされています。

ステップメールは、一度仕組みをつくってしまえば何年にもわたって送ることができ、その間ずっとあなたの顧客リストを増やしていくものとなります。申し込んでもらう方のメリットになる内容にし、それをサイトやブログ、SNSでご案内することで、登録率は格段に上がります。

読者の方のお役に立つステップメールをつくっていきましょう。

Step 1 **Point!**

まずはお役立ち情報を提供する
ステップメールに登録してもらいましょう。

Step 2

ステップメールを書き始める前に考えておくこと

ステップメールを執筆する前に、準備することが7段階あります。順番に解説していきましょう。

◆ステップメールの執筆準備

① ペルソナをイメージ

② ペルソナが欲しい情報を考える

③ ペルソナの「間違い」を考える

④ ペルソナに理解してほしいことを考える

⑤ 読んだ後、ペルソナはどうなるかを考える

⑥ 魅力的なタイトルを考える

⑦ 7〜10話に分ける

執　筆

① ペルソナをイメージしよう

まずはペルソナについてイメージします。年齢や家族構成、生活など、Chapter1を思い出して、もう一度しっかりとイメージしておきましょう。

② ペルソナが欲しい情報を考える

次に、ステップメールのテーマとなることを決めるために、ペルソナが欲しい情報を考えます。

ステップメールは、あなたが書きたいことを書けば登録してもらえるわけではありません。読む人が欲しい情報である必要があるのです。読む人が欲しい情報はどんなものかを探すために、ペルソナがどんな情報を欲しているかを考え、たくさん書き出してみましょう。

なお後からもお話ししますが、ステップメールは7～10話程度に分けてつくります。1話で解決できる程度の簡単なお悩みではステップメールになりません。テーマとするのは、ペルソナが強く悩んでいることで、解決までに何話かに分けられるものがよいでしょう。

③ ペルソナの間違いを考えよう

次は、ペルソナがあなたにたどり着くまでに経験してきた様々な間違いを考えて書き出していきます。普段からお客さまと接しているときにいろいろな失敗談を聞くことがあると思います。それを思い出してみましょう。

例えば、あなたがフィットネスのインストラクターだとしたら、ダイエットをしたい人が極端な食事制限をしてしまったり、ダイエットサプリを購入して飲んだりするといったことです。

あなたがお片づけの手伝いやレクチャーを仕事にしている人だとしたら、片づけが苦手な人が片づけをする前に収納グッズを買ったり、収納場所が足りなくなってレンタルスペースを借りるといったことです。

④ ペルソナに理解してほしいことを考えよう

ペルソナがやってしまいがちな間違いを書き出したら、続けてペルソナに理解してもらいたいことを書き出しましょう。「こんな厳しいことを書いたら、せっかくメルマガの登録をしてくれたのに解除されてしまうのではないか」などと恐れることはありません。あなたが理解してほしいことに共感や納得をしてくれる人こそが、あなたに相談したいと思ってくれる人であり、あなたの未来のお客さまになってくれる人だからです。ただし、ペルソナのお悩みに寄りそう気持ちは常に持ってください。

⑤ 読んだ後、ペルソナがどうなるかを考えよう

ステップメールの基本は「○○が××になる」です。ペルソナが抱えているお悩みが解決できるのが基本です。あなたのステップメールを読み終えた方はどうなっているのがいいと思いますか？

前ページに挙げたダイエットで極端な食事制限をしていた人なら「ストレスや体調不良を感じることなく、健康的に体重を落とせる方法がわかった」とか、片づけが苦手な人なら「これまでとは違った片づけの方法を知り、すぐに行動したくなる」などです。

ステップメールは読み終わった後にポジティブになれる内容になっているようにしたいものです。

Step 2 **Point!**

ペルソナにどのようになってほしいかをしっかり考えましょう。

Step 3

未来のお客さまに読んでもらえるステップメール執筆術

読んでもらうペルソナについてしっかりイメージできたら、次は未来のお客さまに「読んでおきたい」「読んだらお悩みが解決できそう」と思ってもらえるようなタイトルを付けましょう。配信が開始されるまで内容がわからないので、ステップメールはタイトルが命です。

まずはタイトルを決めよう

ステップメールタイトルの基本は「○○が××になる」です。

魅力的なタイトルとは

* 明るい未来が開けそうなもの
* USPが入っているもの
* 「私に必要だ！」と読んだ人の心に刺さるもの

さらに、次のような言葉を付け加えます。

タイトルに加える言葉の例

* 問いかける　「○○な生活は卒業しませんか？」
* 常識の逆を言う　「○○しながらでも大丈夫！」
* 簡単に見せる　「たった10分で」
* 行動を喚起させる　「思わず○○したくなる」
* 数字を使う　「1,000人以上の指導経験から生み出した」

不安を煽ったり、緊急性をうたったりするタイトルはおすすめしません。読んだら悩みが解決して、明るい未来が開けそうなタイトルにしたいものです。

ステップメールは試しに読むことができないので、タイトルで登録者数の増え方が変わってきます。読んだときに長すぎず短すぎず、ペルソナが目にしたときに「私に必要だ」と刺さるようなタイトルがいいでしょう。

また、同業者の多くが似たような内容のステップメールを配信していると思いますが、あなたのUSPをタイトルに入れると、同業者との差別化を図ることができそうですね。

私自身もピンポイントのサービスとしてステップメールの原案作成サポートもしているのですが、これまでにサポートをしたステップメールで、ヒット作と言われたタイトルをいくつか紹介してみます。

＊２度の国際結婚経験者が教える
　憧れの国際結婚を手に入れる９つの極意
＊スイーツもラーメンも食べられる！
　なかったことにする薬膳無料メール講座
＊捨てる、減らす、分ける、そんな言葉はもう聞き飽きた！
　間取りから片付く仕組みを作るメールレッスン
＊「助けて！」と行動を起こした香織が
　片づけの挫折を克服し、人生が好転したストーリー

タイトルは言葉を少し入れ替えるだけで魅力的なものに生まれ変わります。あれこれ言葉を入れ替えてつくってみましょう。

言いたいことを7〜10回に分けて原案をつくろう

多くのステップメールは７〜８回程度に分けて配信されています。５話では信頼関係を築くのに短く、10話を超える回数では長すぎて飽きられてしまう可能性があります。７〜10回程度に分けて読んでもらうのがちょうどいいのです。言いたいことを７〜10回に分けて原案をつくりましょう。

Step2で考えたゴール＝「お客さまに理解してほしいこと」に向けて、ステップを積み重ねていきましょう。1話ごと読んでいくにつれて知識が増え、最終話で悩みが解決しているイメージです。

普段ブログやセミナーでお伝えをしたりしている内容と重なっても構いません。情報を出し惜しみすることなく、出し切りましょう。

原案をつくったら、１話から最終話まで、仮タイトルを付けましょう。

原案をつくるときに気をつけてほしいのは、ご自身の取り扱う商品やサービスのご案内ばかりにならないようにするということ。「１日目　レッスンのご案内」「２日目　セミナーのご案内」「３日目　バックエンドのご案内」というような内容では、いくらよい商品やよいサービスのご案内だとしても、読んだ人は登録する気にも購入する気にもなれません。

また、自分が伝えたいことをただ並べただけの原案もNGです。書き手が伝えたいことだけでは、読む側には何のメリットもないのです。

いよいよ執筆をスタートしよう

各話の内容、仮タイトルが決まったら執筆に入ります。ステップメールの文字数には決まりはありませんが、1話1,500〜2,000文字くらいを目安に書くとよいでしょう。

1話目は、冒頭で軽い自己紹介をし、最終話までのタイトルを紹介します。長々と自己紹介を書くのはおすすめしません。ステップメールを読む方は、まだあなたに興味はなく、情報に興味がある段階なので、あくまでもあなたについての情報は軽く書いてください。最終話までのタイトルを並べたら、さっそく1話目の内容に入ります。1,500文字程度書いたら、最後に1日目のタイトルを振り返り、2日目のタイトルを入れて、明日を楽しみに待ってもらえるようにしてください。

2日目以降は、前日のタイトルの振り返りと、その日の内容を書きます。「1日目の昨日は『○○』をお伝えしました。2日目の今日は『××』についてです」といった内容になります。メルマガの最後は「メール講座2日目は『××』についてお伝えしました。明日3日目は『△△』についてです。楽しみにお待ちくださいね」で締めます。

書いている本人は「これについて書こう」とわかって書いているので、「しつこいのでは？」と思い、本文にタイトルを省いてしまいがちです。ところが読んでいる人は、長い文章を読んでいるうちにタイトルは忘れてしまうものです。最後に「今日は『○○』についてお伝えをしました」と書いてあることで「そうだった」と思い出す程度なので、やはり入れた方がいいのです。

翌日のタイトルを入れるのは、解除防止の意味もあります。ステップメールは中だるみしがちです。途中で内容がつまらないと解除されてしまいます。翌日のタイトルが魅力的なら「今日はあまり面白くなかったけれど、明日も読んでみるか」と解除されないですみますよね。ですから、毎話、最後はその日のタイトルと翌日のタイトルを入れるようにしてください。

最終話だけは書き方が違います。最終話を読むころには読者の方もあなたに親近感を抱き、信頼を寄せてきています。最後にあなたの仕事への思いをしっかりと書いて伝えてください。

それから、最終話まで読んでくださった方には、そのまま通常のメルマガに移行すること、必要なかったらいつでも解除できることも伝えるようにしましょう。

さらに、最終話では、読んだ方の感想を募ってみましょう。大企業などのメルマガは、送信専用アカウントになっていて返信ができないことが多いものですが、私たちが配信するメルマガは違いますよね。「ぜひご感想をください」「このメールに返信したら届きます」などと書き加えてみてください。あなたの書いたステップメールに感想をいただけるのは率直にうれしいものですし、今後のメルマガや、ステップメールの内容を更新する際の参考になること、間違いなしです。

書き終えたら必ず見直そう

最終話を書き終えたら、各話のタイトルを見直します。ステップメール全体のタイトルも命ですが、各話のタイトルも大切です。各話のタイトルは、全話分を並べて登録ページに入れます。

登録しようか迷っている人が、思わず登録したくなるタイトルに仕上げなくてはなりません。Step2で考えた「ペルソナが欲しいと思っている情報」が入っていますか？　ペルソナがやってしまいがちな間違いは書き出しましたか？　読んだ人が「私も間違えていたかも」と気づくようなタイトルがありますか？

全話分のタイトルを並べてチェックすると、！マークや？マークが連続していたり、「３つの○○」「５つの××」のような似たタイトルが連続したりと見栄えがよくないことにも気づくはずです。

そして、最後にもう一度、各話のタイトルが魅力的で「読んでみたい」と思われるものになっているかチェックしましょう。「私に必要なことが書いてあるに違いない」と思ってもらえるかどうかが、タイトルチェックの基準となります。

タイトルの例

・？が連続している
・「3つの」「5つの」が連続している
・！が連続している
・「あなた」が多すぎる

【良くない各話のタイトル例】

1日目　運命とは何なのか？
2日目　なぜあなたは生きがいを感じられないのか？
3日目　あなたの仕事がうまくいかないのはなぜ？
4日目　あなたがモテない3つの理由
5日目　あなたが行動できるようになる5つの方法
6日目　これだけやればあなたは成功する！
7日目　あなたの人生は幸運に満ち溢れる！

【改善した各話のタイトル例】

1日目　よく聞く「運命」とは何なのか？
2日目　生きがいを感じられない理由をお教えしましょう
3日目　仕事がうまくいかないのには理由があります
4日目　異性にモテたければこの3つを試してみましょう
5日目　今すぐ行動に移したくなる方法
6日目　成功する極意とは
7日目　これであなたの人生は明るく幸運に満ち溢れる！

Step 3 **Point!**

タイトル付けから見直しまで、
気を抜かずにやりぬきましょう。

Step 4

ステップメールの登録者を増やすためのバナーの心得

ステップメールは、ホームページやブログから登録の申込みをしてもらうことが多いと思います。登録の申込みをしてもらうために、ホームページ内に申込みページを設けていると思いますが、その申込みページへのリンクはどうなっているでしょうか。

ステップメールの登録数を上げるならバナーリンクは必須

申込みページへのリンクは、ほとんどの方がバナー（見出し画像）にリンクを張ったものにしているはずです。「お申込みはこちら」などの文字（テキスト）にリンクを張っても大して目立ちはしません。バナーリンクの方が目立つ分、クリックして登録画面に進んでもらえる率が高くなります。

バナーリンクにするバナーの制作はプロに頼むのが一番ですが、自分で制作する人もいるようです。ウェブ関係の専門家以外の人がバナーを制作する際の注意点を書いておきましょう。

バナーが広告に見えてしまわないか？

今やほとんどのサイトにバナー広告が入っていますよね。広告もバナーなら、申込みをするときのクリックするものもバナーとなると、バナーがあっても「これは広告ではないか」と瞬時に判断されてしまう可能性があります。バナーが広告だと思われたら、まずクリックしてもらえません。ブログのジャンルとかけ離れた綺麗すぎる写真を使ったり､「ご登録はこちらから」など行動を促す文字が入っていないと広告に見えてしまう可能性があると思いませんか？　画像の選び方、文字の入れ方に工夫をして、広告に見えないバナーをつくるようにしましょう。

取ってもらいたい行動を文字で入れていますか？

人は思っているよりも指示されないと動きません。ですから、バナーには「ご登録はこちらから▶」「詳細はこちらから▶」など、見たい人に取ってほしい行動を明記しましょう。

綺麗な画像を使うより、プロフィール写真などを使い、ステップメールのタイトルを大きく入れて「ご登録受付中▶」などと入れましょう。そうすれば、「これは無料メール講座のバナーで、クリックすると登録フォームに行ける」ということがわかりやすくなります。

Step 4 **Point!**

バナーをつくって、お客さまがサイトで迷わないようガイドしましょう。

Step 5

SNSで発信して、ステップメールに登録してもらおう

ステップメールの配信を始めたら、登録いただくためにどんどん発信していきましょう。どんなに内容のよいステップメールをつくっても、知ってもらい、登録してもらわなければ、読んでもらえません。日々の発信はメルマガ読者を増やすためと言っても過言ではないのです。

登録数を増やすためにどんどん発信していこう

メルマガ読者が300人いれば集客に困らなくなり、1,000人いればお金に困らなくなると言われています。メルマガリストは、あなたが自分のタイミングでアプローチできる現代の顧客台帳です。ご案内したい商品やセミナー募集情報などをメルマガでポンと送るだけで目標の売上が達成できる数になれば、日々のSNSやブログ発信に躍起にならなくても、お客さまは「お知らせしてくれてありがとう」と喜んでお申し込みくださるのです。

そうなるまで、日々のブログやSNSでの発信でメルマガ読者を増やしていってくださいね。

Step 5 Point!

メルマガ読者は顧客リスト。
特典をつくってどんどん登録してもらいましょう。

やってみよう!

Let's try!

読んでもらえるステップメールをつくるワーク

「思わず見たくなる」「どの話も読まずにはいられなくなる」、そんなステップメールに仕上げるために、準備と構成づくりのワークをしてみましょう。

ステップメール作成の準備ワーク

❶どんな人にサービスや商品を購入してほしいですか。

❷その人が間違ってやってしまいがちなこと、勘違いしていることはどのようなことですか。

❸ステップメールを読んでいただく人に伝えたいことは何ですか。

❹ステップメールを読んだ後、読者の方はどうなれますか。

ステップメールの構成づくり

❶ステップメールのタイトルを決めましょう。

❷伝えたいことを7～10話くらいに分けて、各話のタイトルを決めましょう。

❸各話のタイトルをほぼ確定させたら、本文を書き始めましょう。

こちらのQRコードから
ワークシートをダウンロードできます。
（パスワードは本書10ページに掲載）

— *Work* —

Chapter 8

信頼される起業家として輝いていこう

ビジネスマインドを
セットしましょう

Point 1

起業家はライオンのように強い存在

ビジネスパーソンと認められ、起業家として成功するためには、これまでお話ししてきたようにビジネスやマーケティングをしっかりやっていくだけでなく、起業家としての覚悟や考え方など、マインドもとても大切です。本書の最後となるChapter 8で、ビジネスマインドに大切だと思う言葉を、順を追って説明していきましょう。

◆ビジネスの心得

①ウサギ	①ライオン
②でもなら起業	②刺さるUSP
③趣味の好き	③仕事の好き
④停滞	④学び続ける
⑤自分史上最高	⑤他者と比べて最高
⑥一面的	⑥多面的
⑦既存のやり方	⑦革新的なやり方
⑧ファンを無視	⑧ファン目線
⑨受動的	⑨主体的
⑩節約し過ぎ	⑩投資の意識
⑪目先の利益	⑪信念
⑫男性目線	⑫女性目線
⑬利己	⑬利他

強い立場である「ライオン」としてやっていこう

起業する際には税務署に「個人事業の開業・廃業等届出書」（以下、「開業届」といいます）を提出します。ひと口に「起業」といっても、趣味の延長のような方から、本気で稼ごうとしている方まで様々です。中には開業届を出さずにビジネスを行っている人もいます。私は、開業届は出してほしいと考えています。開業届を出さずになんとなくビジネスを始めるよりも、開業届を出すことで「これからきちんとビジネスをやっていくんだ」という決意ができるからです。

開業届を出していなくても、お客さまから1円でもお金をいただくのであれば、それはビジネスです。お金をいただくということは、「加害者」ともいえるような強者になることもあるかもしれないということです。例えば、自宅のキッチンで作ったお菓子を販売していて、万が一、食中毒などの健康被害が出たら加害者になってしまいますよね。加害者ということは、ライオンとウサギだったらライオンになるということです。その覚悟があなたにはありますか？

トラブルが生じたとき、「私がやっていることなんて、主婦の延長のようなビジネスなのに」などと言う方を時々見かけます。口には出さなくても、そのように思っている方もいるかもしれません。ですが、お客さまからお金をいただいている以上は「事業者」です。「主婦の延長」などと言っては、責任逃れをしようとしているように聞こえてしまいます。

消費者を保護するための法律がありますが、それは消費者が弱い立場だからです。起業をしたあなたはライオンの立場になるのだという自覚を持ってください。

Point 1

事業者としての覚悟を決めましょう。

Point 2

「でもなら」思考はやめよう

昔、「でもしか先生」という言葉がありました。教員の需要が多かった時代に、ほかにやりたい仕事がないから「先生でもやろう」、特別な技能がないから「先生にしかなれない」といった、消極的な動機から教師の職に就いた人たちをこう表現していました。そんなマインドで教師になった人にわが子の教育を任せたいと思うでしょうか？

ところが起業をする際は、「でもしか先生」のような起業の仕方をしてしまう人が意外といるのです。起業をすることが目的になってしまい、「○○でもやるか！」とか「○○なら私にもできるかも！」と、資格を取って起業をしてしまう「でもなら起業」です。「でもしか先生」にわが子の教育を任せたくないのと同様、お客さまは「でもなら起業」の人に仕事を依頼したくないのではないでしょうか。

起業をすること自体が目的になっていないか？

たまにあるのが「起業をしたいのですが、何をやるか決めていません」というご相談です。何屋さんになるのか決めてないけれど、とりあえずお店を開きたい。お店を開くのが目的になってしまっているのです。

個人事業でネイルサロンを開くなら自分がネイリストになるでしょうし、イタリア料理を提供するなら自分で調理しますよね。ネイルができない人にネイルサロンはできませんし、料理が作れない人にイタリア料理は提供できません。自分が人一倍得意なことで、その技術や知識で人のお役に立ちたいという気持ちから事業を始めるのでなければ、行き詰まってしまいます。

◆過去の経験やご自身の強みから、何ができるか考えてみましょう

もし、あなたが現段階で「何かをやりたいけれど、何をやるかはっきり決めていない」のであれば、過去の経験やご自身の強みがなんであるのか、よく考えましょう。その上で自分に何ができるのかを、よく考えましょう。過去の経験による裏付けがある、自分の強みがわかっている、そして、「誰かのお役に立ちたい」という強い思いがあれば、USP（39ページ）も見つかるはずです。人の心に刺さるキャッチコピーもつくれるはずです。そういうビジネスだからこそ、たくさんいるライバルの中から選ばれるのです。

「でもなら」で起業を考えるのはもうやめて、あなたのスキルでどんな人の悩みを解決できるのか、誰を幸せにしたいのかを考えてください。

Point 2

USPをもう一度よく考えてみましょう。

Point 3

趣味の「好き」と仕事の「好き」は違う

よく「好きを仕事に」と言いますが、その「好き」は趣味程度の好きではなく、寝食を忘れて没頭してしまうくらいの「好き」でないと無理が出てきます。仕事にすると、雑務もありますし、苦手なこと、やりたくないことも出てきます。やりたいことだけをやっていてお客さまからお金をいただけるわけではないのです。

ビジネスには集客という大変な作業が必要ですが、集客できるようになったら楽になるかと言えば、今度は別の苦労が生じます。「楽」ではないけれど「好きなことができるから楽しい」と思えることを仕事にしましょう。

情熱的に続けられるほど好きなことを仕事に

仕事とは困っている人を専門家として助けてあげることです。専門家であり続けるためには、深く学び続けなくてはなりません。私のクライアントたちは専門分野をもっと学びたくて仕方がない人たちばかりです。情熱があるからこそ続けられるのです。

趣味の「好き」と仕事にできる「好き」は違います。長く続けて成功するために、仕事にできる「好き」を探してくださいね。

Point 3

仕事は楽しいことばかりではありません。

Point 4

専門の学びに終わりはない

日本の剣道や茶道などの修業における段階を示す「守破離」をご存じでしょうか。400年も続く究極の勉強法と言われるものです。「守」は初級、師についてその流儀を習いその流儀を守って励む段階、「破」は中級、師の流儀を極めた後に他流を研究する段階、「離」は上級、自己の研究を集大成し独自の境地を開いて一流派を編み出す段階です。

ビジネスにおける守破離を考えてみよう

資格を持っていようと、起業した後だろうと、自分の専門分野の学びはさらに深めていく必要があります。時代の流れは速く、資格取得時や起業時の知識ではどうにもならなくなる時期があっという間にやってきます。資格を取った時は、守破離の「守」の段階です。そこから「破」「離」と進み、一流派（あなた独自のもの）を編み出さなくてはなりません。ビジネスにおいては、現状維持は衰退していくことを意味します。現代人は1日に江戸時代の1年分の情報を受け取っていると言われています。情報を受け取っていれば先に進めますが、情報のシャッターを下ろしていては時代に取り残されます。売れている人は、学び続けています。情熱を持って学び続けることが大切なのです。

Point 4

速すぎる時代の流れに食らいつきましょう。

Point 5

自分史上最高でなく「他者と比べて最高」を目指そう

起業をしたら絶対評価ではなく相対評価となります。「私メチャメチャ頑張っている！」と思っても、他者の頑張りと比べたら大したことがないかもしれません。これまで月に２度しかブログを書いていなかった人が毎週書くようになり、SNSの発信をやったことがない人が週２回発信すれば「私、頑張っている」になりますが、周りと比べてみるとどうですか？　毎日ブログ記事をアップし、１日に何か所ものSNSで発信している人がいませんか？

ブログ投稿もSNSの発信もできるだけ毎日続けよう

ブログ記事の内容も同様です。数年前は内容が薄くても、狙っていなくても検索上位にいけることがありました。でも、今やなんとなく書いた記事がたまたま検索されて上位にいくということなどありません。

自分史上最高に頑張って書いた記事でも他の人の書いた記事の方がいいと判断されればそれまでです。自分史上最高に頑張っても、評価するのは見ている人です。「他者と比べられても最高」と思ってもらえることを目指してください。

Point 5

お客さまはライバルと比べて見ているのです。

Point 6

多面的に考える習慣をつけよう

2013年度「新聞広告クリエーティブコンテスト」で最優秀賞となった「ボクのおとうさんは、桃太郎というやつに殺されました。」と鬼の子が泣いている広告は、『桃太郎』の話を鬼の立場でとらえたことで、桃太郎の側から見た話とはまったく違うことを示し、いろいろな視点で考えることの大切さに気づかせてくれる広告でした。ひとり起業では、物事を多面的に見る力も必要です。物事には様々な側面があり、視点や立場が変わると、上記の広告のように正解すら変わってくることもあります。あらゆる方向から考える力、相手や第三者の立場で考える力です。

1つの見方からの情報に振り回されないために

多面的に考える力がないと、1つの視点からの情報だけに振り回されてしまい、本来の目的すら見失ってしまいます。立場を変えて見る習慣をつけるだけでも、振り回されることは少なくなります。自分自身や、自分の発信がお客さまからどう見えているのかも考えてみましょう。

普段から目にする広告や普段使う商品なども、どんなターゲットに向けて販売しているのか、自分で何か購入するときも、どうしてその商品を知って、どんな気持ちになって購入したのかを考えるなど、経営者として物事を多面的にとらえるようにしましょう。

Point 6

相手や第三者の立場でも考えてみましょう。

Point 7

既存のやり方にとらわれない

ビジネスでも、SNSやSEOでも、数年前のやり方が今でも有効だと信じて続けている人がいます。今や時代の流れは速く、半年前のやり方すら古くなってしまうことが多々あります。既存のやり方にとらわれていると、あっという間に取り残されます。

イノベーター、アーリーアダプターだけが先行者利益を得られる

革新的なものが社会にどう普及していくかを示す「イノベーター理論」というものがあります。これによれば、「いち早く取り入れられる人」はイノベーター、すぐに行動できる人はアーリーアダプターです。

◆イノベーター理論

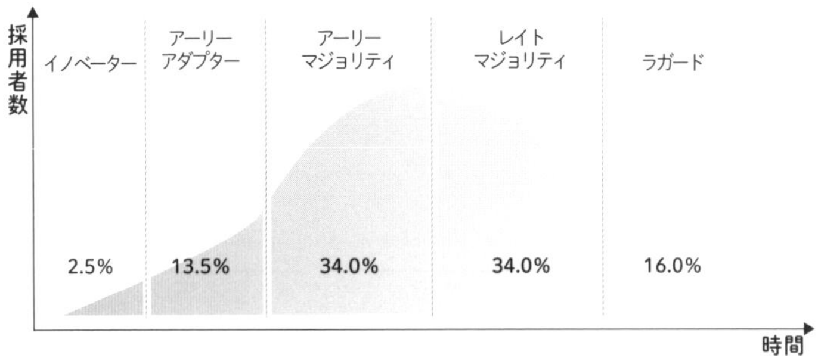

イノベーターは2.5%、アーリーアダプターが13.5%と言われているので、その２つのタイプで全体の16%を占めることになります。ここに入れば先行者利益を得ることができます。ところが多くの人は、うまくいく人たちが出てきてからやっと手を出します。それが34%のアー

リーマジョリティーです。この頃にはもう先行者利益はありません。アーリーマジョリティーに入れればまだ早い方で、アーリーマジョリティーが四苦八苦しているのを見て始めるレイトマジョリティーも同じくらいいます。私の実感としてもイノベーター理論どおりの割合になっているように思います。

現状維持か業績を上げるには、新しいことへのチャレンジが必要

わからないものに手を出して損をしたくないという心理もあるでしょうが、損をしない代わりに先行者利益もありません。「タピオカが流行る予感がする」段階や、流行り始めた段階でタピオカ屋さんを開いた人は大きな利益を得ましたが、タピオカ屋さんに行列ができているのを見てから開店準備を始めた人は、オープンしたころにはブームが去っていましたよね。そのころ先行者利益を得たタピオカ屋さんは、ブームの終焉を見越して別の事業を始めることができました。

人は変わりたくない生き物です。現状と違うことをするのは恐怖が伴います。今と同じでいることが心地よいのですが、現状を維持することは衰退を意味します。世の中はものすごいスピードで進んでいるのです。

既存のやり方にとらわれずに行動をしていきましょう。もし失敗したとしても、多額の資金を投入するものでもなければ大したことはありません。

また、失敗したところでやめてしまえば失敗になるかもしれませんが、成功するまで続ければ小さな失敗も経験として生きてきます。

Point 7

常に新しいことにチャレンジしましょう。

Point 8

個人事業はファンあってこそのビジネス

小さなビジネスでは、商品がよければ売れるというわけではなく、消費者が求めるものを売り出しても必ず売れるというわけではありません。

意識していないかもしれませんが、小さなビジネスは実はファンビジネス。「この人から買いたい」と思ってもらうことがとても大切なのです。

あなた自身も商品の一部のようなもの

アイドルといえば私はジャニーズを思い浮かべるのですが、ジャニーズはファンビジネスの代表的な例と言えるでしょう。ファンクラブというメルマガ会員を集め、メルマガで案内をすれば、ライブのチケットが売れ、CDが売れたり、曲のダウンロード数が増えたりするのです。アイドルは常にファンに愛されるために、自分がどんな行動をしたらいいかを考えて行動をしています。

それと同じように、個人事業のビジネスではあなた自身も商品の一部です。家ではだらしない恰好をしていても、寝ずに働いてボロボロになっていてもいいのですが、決してその姿は見せないようにしましょう。

あなたのお客さまが求めている「どんな人から買いたいか」を想像し、そういう人になる努力をしてください。あなたのお客さまは何をしたら喜んでくれますか？　お客さまに喜ばれることをしていきましょう！

Point 8

あなたのファンを喜ばせましょう。

Point 9

受動的にではなく、主体的に動こう

起業のお手伝いやコンサルをしていると、起業家や経営者から「○○はやった方がいいですか？　□□はどうですか？」などと聞かれることがあります。私なりの意見を伝えはしますが、「私の意見はこのとおりですが、ご自身の判断で決めてくださいね」とお伝えしています。

起業家に向く人、起業家として成長する人はどんな人？

率直に言って、誰かのアドバイスがなければ決められない人は、起業家には向いていないと思います。起業家は自らがトップなのです。指示してくれる上司はいません。そして、日々決断の連続です。ビジネスは未来のために自分を律して行動していく世界です。自ら決めたことを主体的に動くしかないのです。

決断を人任せにしてはいけません。誰もあなたを売れっ子にすることはできません。SNSのフォロワーを増やすのも、ご予約をいただくのも、あなたにしかできないことなのです。誰かがどうにかしてくれることはないので、自分でどうにかしなければなりません。肝に銘じておきましょう。

Point 9

経営は、日々決めることの連続です。

Point 10

「消費」から「投資」に意識と行動を変えよう

仕事をする場所が自宅で、ウェブを上手に活用していけば、それほど費用はかかりません。ただし、事業をやっていくのに必要なことがすべて無料ですませられるわけではありません。自身の専門分野の更なる学び、ホームページ制作、プロフィール写真の撮影、各種バナーの制作など、さまざまな費用が発生します。自分でできることもあるかもしれませんが、プロがつくったものと比べれば明らかに見劣りしたものになってしまいます。ウェブ中心に展開する事業では、画面上の見栄えは店構えです。高額な商品を扱っている方は特に気を配るべきでしょう。

節約して規模を縮めていくか、投資して大きくしていくか

プロにメルマガのバナーを発注しても、読者が増えて利益が出ればバナー制作費はペイできます。コストを抑えるために見映えの悪いものですませて、事業を縮小していく人をこれまでにたくさん見てきました。家計では質素や節約を旨としても、事業では投資をしてお金を増やしていかなければなりません。投資を続けている人はビジネスが加速します。事業を続けるうちに投資額も増えていきますが、その分、リターンも大きくなります。利益の一部をまた投資に回してさらに事業を拡大していく、それがお金を回すということです。

Point 10

投資をして、事業を拡大しましょう。

Point 11

信念を持ち、お客さまの信用を得ていこう

起業してしばらくすると、それまでと全く違う事業に換え、コロコロと別な事業に換える人がいます。その事業では大して稼げないとわかると、すぐにお金になりそうな別の事業を始めるのです。軸となる事業があり、そこから派生したことであればよいのですが、目先の利益を追ってばかりいては、お客さまにあなたの信念や情熱は伝わりません。「お金儲け」のために事業をやっていると思われてしまい、それではお客さまに「あなたから買いたい」と思ってもらえません。

今、手元に10億円あったら、そのビジネスを続けますか？

私はコンサルタントとしてかかわる起業家の方に「十分な収入を得られるようになっても仕事を続ける理由」をお聞きしています。言い換えれば「今10億円手元にあっても仕事を続ける理由」です。

ビジネスは、信用を得てから利益が出るもの。信用をお金に換えるには時間がかかります。誰かの役に立った対価がお金で、お金は後からついてくるものということを忘れてはいけません。信用を積み重ねた先に大きな利益が待っているのです。小さな目先の利益のために、あなたが起業したころに持っていた信念すら忘れるようなことにはならないようにしてくださいね。

Point 11

信用を積み重ねていきましょう。

Point 12

あなたならではのマーケティングの視点を大切に

長いこと男性中心のビジネス社会だった日本では、多くの商品やサービスは男性が男性目線で開発してきました。女性の社会進出が進むにつれ、商品やサービスの開発に女性が参画するようになり、企画検討段階で男性から反対された女性が提案した商品を世に出してみたらヒット商品になったという例をいくつも耳にしています。

取り扱う商品やサービスが男性向けか、女性向けか

特に家庭で使用する商品やサービスの購買においては、女性が８割の意志決定権を握っているという調査結果があります（出典：「ライフスタイルに関するインターネット調査」2021年５月、株式会社MaVie調査）。この調査結果から考えると、女性向けの商品やサービスの開発や販売には、女性向けの視点、女性ならではの視点はとても大事だと思われます。

起業家から「商品やサービスを売るためのコピーなどで、数字を出すべきでしょうか」などと質問されることがあります。たしかに、抽象的なものより具体的なものの方が一般的に好まれると言われ、成果や実績、限定であることなどを数字で現わすのも手段の１つです。しかし、数字を用いた具体的なアピールがよいのは、男性目線のセオリーであることが多いということをご存じでしょうか。

誰に売りたいのか、その人には何が響くのかを考えよう

あなたが取り扱う商品やサービスは、誰をターゲットにしたものですか。もし女性をターゲットにしたものであるなら、数字でアピールする

よりも、デザインや、購入や利用することでどんな将来が期待できるかということをイメージできるストーリーなどを現わす方が売上につながると考えられます。人によっては、環境への配慮などを重視することもあります。

例えば、女性向けの商品やサービスについては、男女どちらでも利用できると訴えるよりも、「女性に優しい」ことをアピールする方が、女性にとっては「自分のためのもの」のように思えて購入につながりやすいのは当然ですよね。

あなたが女性で、女性向けの商品やサービスを扱っているのなら、なおさら、女性ならではのご自身の感性に自信を持ってほしいと思います。女性には女性ならではの、あなたにはあなたならではのマーケティングの視点があるはずです。

あなたの目線で、不便なこと、解決できないと思っていたことの役に立つものを商品化して売ったり、サービスを提供したりするビジネスは、あなたと同じように悩んでいる人の助けになるはずです。

女性が起業してビジネスを始めることは、社会にとって大きなメリットになると信じています。

Point 12

自分の視点を信じましょう。

Point 13

利己より利他で！ 社会貢献できるビジネスを

2021年はパーパス元年だったそうです。パーパス（Purpose）は、ビジネスの世界では「存在意義」と訳され、その企業が何のために存在し、社会にどんな価値を提供できるのかということです。

新型コロナウイルスのパンデミックから続く世界的な変化で、先がわからなくなってしまった時代。大企業ですら危機感を覚え、2021年ごろからパーパスを打ち出す企業が増えてきました。企業が目指す方向性や社会に提供できる価値を打ち出すことにより、その姿勢に共感する顧客が集まる。応援してくれる株主が増えれば企業の価値が上がります。

あなたのビジネスで社会にどんな貢献ができるか

今後は大企業だけでなく、小さなビジネスにもこの流れがくると考えられます。自分の利益だけを考えていては、この先生き残れません。どれだけ利他の精神で社会貢献できるかになってくると思います。

＊あなたの事業の存在意義はなんですか？
＊どんな未来を創造していきたいですか？
＊社会にどんな価値を提供できますか？

Point 13

ビジネスで社会に貢献しましょう。

やって
みよう!

Let's try!

事業家マインドをセットするワーク

事業家としてのマインドをセットし、３年後の目標から逆算してこの半年でやることを書き出しておきましょう。

マインドセット・ワーク

❶これからどんな知識や情報を入手しなければならないと感じましたか。

❷自分のスキルでどんな人の悩みを解決できるのでしょうか。また、誰を幸せにしたいのでしょうか。

❸これからお客さまのために情熱を持って学び続けたいのはどんなことですか。

❹専門分野とそれ以外の分野で、それぞれどんなことを学んでいきますか。

❺ライバルと比較して自分に足りないこと、ライバルより劣っているためにこれからやっていきたいことは何ですか。

❻最近あなたが買ったものは、どこで知り、どんな気持ちで購入しましたか。

❼今まで行動できなかったときにしてきた言い訳はどんなことですか。

❽「あなただから買いたい」と言ってもらえるポイントは何でしょうか。

❾経営者として、今後やらなければならないと気づいていることは

— Work —

どんなことですか。

⑩事業を拡大するためにどんなところに投資すべきだと感じましたか。

⑪お金があっても仕事を続ける理由、信念は何ですか。これから信用を積み重ねるために何をしていきますか。

⑫あなたのサービスに関連することで、男性には理解されないと思うことはどんなことですか。

⑬あなたの事業の存在意義は何ですか。事業を通して社会にどんな価値を提供できますか。

3年後の目標に向けたワーク

❶３年後のあなたはどうなっていたいですか。

❷なりたい３年後の姿のために、１年後にはどうなっていなくてはなりませんか。

❸なりたい１年後の姿のために、今から６か月間でやらなければならないことは何ですか。

こちらのQRコードから
ワークシートをダウンロードできます。
（パスワードは本書10ページに掲載）

巻末資料

ひとり起業家のビジネスのチェックポイント

事業者が守らなければならない法律は、民法や商法のほかに、特定商取引法、特定電子メール法、景品表示法、医師法、薬機法、著作権法、美容師法など多岐にわたります。ここでは、こうした法律に違反していないか、簡単なチェックリストで確認してみましょう。法的にどうしたらよいか迷う点は、契約関係は弁護士に、許認可の関係は行政書士になど、それぞれの分野の専門家にご相談することをおすすめします。

HPやブログ、SNSで販売するときのチェックポイント

☑ 「特定商取引法に基づく表記」を記載していますか？

☑ 特定商取引法に基づき、ホームページに以下を記載していますか？

・事業者名
・運営責任者
・所在地・電話番号
・メールアドレス
・販売URL
・営業時間
・問い合わせ受付時間
・休業日
・お支払い方法
・キャンセルポリシー

☑ ビジネスネームで活動をしている場合は、「特定商取引法に基づく表記」に戸籍上の氏名を書いてありますか？

☑ 「プライバシーポリシー」として以下を記載していますか？

・事業者名
・個人情報の管理者の氏名
・連絡先
・個人情報の第三者提供に関する制限
・個人情報の取り扱いの委託

・取得する個人情報と利用目的　・個人情報の開示・訂正・追加・削除等について

メルマガのチェックポイント

☑ 登録者の意志で登録してもらってからメルマガを送っていますか？
☑ メルマガの登録を解除するリンクを入れていますか？
☑ 発行者の氏名または名称、住所、苦情や問い合わせを受け付けるための電話番号やメールアドレスを明記していますか？

二重価格表示でないか、優良誤認広告でないかのチェックポイント

☑ 値下げ販売する場合、過去８週間のうち４週間以上元の（高い）価格で販売した実績がありますか？
☑ 値下げ販売する場合で販売開始から８週間経っていない場合は、販売期間の過半かつ２週間以上の販売実績がありますか？
☑ 「日本初」「世界一」などの表記を使う場合、公的な第三者の調査結果による根拠を明記していますか？
☑ 「最高」「最強」「必ず」「絶対」「100％」といった言葉を使う場合、根拠を明確に提示していますか？

ヘルスケア系の業種におけるチェックポイント

☑ お客さまの症状の診断は医師に任せていますか？
☑ 「回復する」「改善する」「排出する」「よくなる」「治る」といった薬機法に触れる文言を使わない広告にしていますか？

クレジットカードについてのチェックポイント

☑ カード決済の手数料につき、お客さまの負担はなしとしていますか？

☑ 決済方法が違っても、販売価格は同じですか？

☑ 購入金額に下限を設けず、いくらからでもカード決済できるようにしていますか？

HP・ブログ・SNSのチェックポイント

☑ 他の人が書いた文章を使うときは、正当な範囲内で引用し、出典元を明記していますか？（許可なく転載するなどして著作権法に違反していませんか？）

☑ 許可なく人が写った写真を掲載して、肖像権を侵害していませんか？

☑ 掲載許可や使用許可を得た写真を別のところで使う際、再度許可を取っていますか？

許認可の必要な事業に関するチェックポイント

☑ 食品を作って販売したり、食事を提供したりするにあたり、保健所の営業許可を取ってありますか？

☑ 料理のオンラインレッスンのために材料を小分けにして送る場合、食品製造業の届出をしてありますか？

☑ 人に対してメイクやヘアアレンジなどを有料・無料で行う場合、美容師免許を取得していますか？

契約に関するチェックポイント

☑ エステサロンなどで「５万円、１か月を超える」サービス等を提供する場合、お客さまと契約を交わしていますか？

☑ 自分がつくった契約書や規約を利用する場合、抜けや漏れがないか、法律の専門家に確認してもらっていますか？

おわりに

最後までお読みくださりありがとうございました。この本を手にしてくださったのは、ひとり起業の女性が主だと思います。最後に私からのメッセージを贈ります。

私はクライアントに３年後にどうなっていたいか聞きます。人は目標がないとどこに向かっていいのかわからなくなるからです。事業を長く続けるために数年先の自分の姿を思い描きましょう。

３年後にはスタッフを雇って仕事をしていたい。企業からのお仕事の依頼がくるようになっていたい。法人化したい。出版をしていたい。目指す姿はそれぞれです。

まず３年後にどうなっていたいのか目標設定をしたら、逆算して行動をしていってください。

３年後に目指す姿になっているためには１年後にどうなっていなければなりませんか？　１年後の姿になるために、この半年で何をしなければなりませんか？　今日から１か月でやるべきことは何ですか？　今日は何をしますか？　目標に向かって行動あるのみです。

実は少し未来の姿をプロフィール写真にしてしまうことは非常に効果的です。プロフィール写真は日々目にするものなので、写真に相応しい自分になろうとするのでしょうか、不思議なものでSNSでの発信や使う言葉まで変わるのです。

私は専業主婦歴も長く当初は甘い考えで起業をしてしまいました。これではいけないと気づいて学び直し、今年で起業して11年になります。

これまでたくさんの失敗も重ねてきましたが、振り返ってみるとほとんどの失敗は取るに足らないものでした。恐怖をつくり出しているのは自分がつくり上げた幻想に過ぎません。失敗を恐れずにチャレンジしてください。正しい方法で本気で頑張れば事業は継続できますので。

この本を通じて１人でも多くの女性起業家が稼げるようになり、自立したビジネスパーソンが増えること。その結果「女だから」と言われない、当たり前に女性が活躍できる世界に一歩でも近づけたら、こんなにうれしいことはありません。

「あなたから買いたい」「あなただから買いたい」と、多くのライバルの中から選ばれる女性になってくださいね。

末筆ではございますが、私がこうして事業を続けてこられたのも、支えてくださった方々のお陰です。この本を出版するにあたりたくさんの方にお力添えをいただきました。これまで私にかかわってくださったすべての皆さまにこの場を借りて感謝申し上げます。

2023年６月

株式会社オフィス凛　代表取締役　増田恵美

【著者】増《ます》田《だ》 恵《めぐ》美《み》

株式会社オフィス凛 代表取締役、WEBマーケティングコンサルタント。

国際博覧会コンパニオン、パソコンインストラクター、輸入車ショールームの顧客対応と販売、企業研修講師と、人と接する仕事での経歴を重ねた後、結婚を機に退職。子育て中に学校のICT支援員として社会復帰し、2012年にハンドメイド作家として起業。ホームページやブログの運営、SNSの活用などが評価され、教えを乞う声に応え、クライアントの夢を実現するためにマーケティングを学び、2017年よりコンサルティングを始める。2021年2月株式会社オフィス凛を設立。

SNS、SEOに強い女性コンサルタントとして、友人同士や小さなコミュニティ内で買い合わず、見ず知らずの人に見つけてもらいお客さまになってもらう「学芸会で終わらないビジネスを作る」をモットーに活動中。ICT支援員、チーフSNSマネージャー、デジタル推進委員、健康経営アドバイザーの資格を活かし、セミナーや個人コンサルティングを通して累計4,000人以上に啓発を行っている。

＊オフィス凛　https://officerin.co.jp/

＊公式サイト　https://masudamegumi.com/

ひとりビジネス・スモールビジネスの

マーケティングと集客《しゅうきゃく》の教《きょう》科《か》書《しょ》

2023年7月21日　初版　第1刷発行

著　　者　増《ます》田《だ》恵《めぐ》美《み》

発 行 者　石井悟

印 刷 所　横山印刷株式会社

製 本 所　新風製本株式会社

発 行 所　株式会社 自由国民社

〒171-0033　東京都豊島区高田3-10-11

営業部　TEL 03-6233-0781　FAX 03-6233-0780

編集部　TEL 03-6233-0786　URL https://www.jiyu.co.jp/